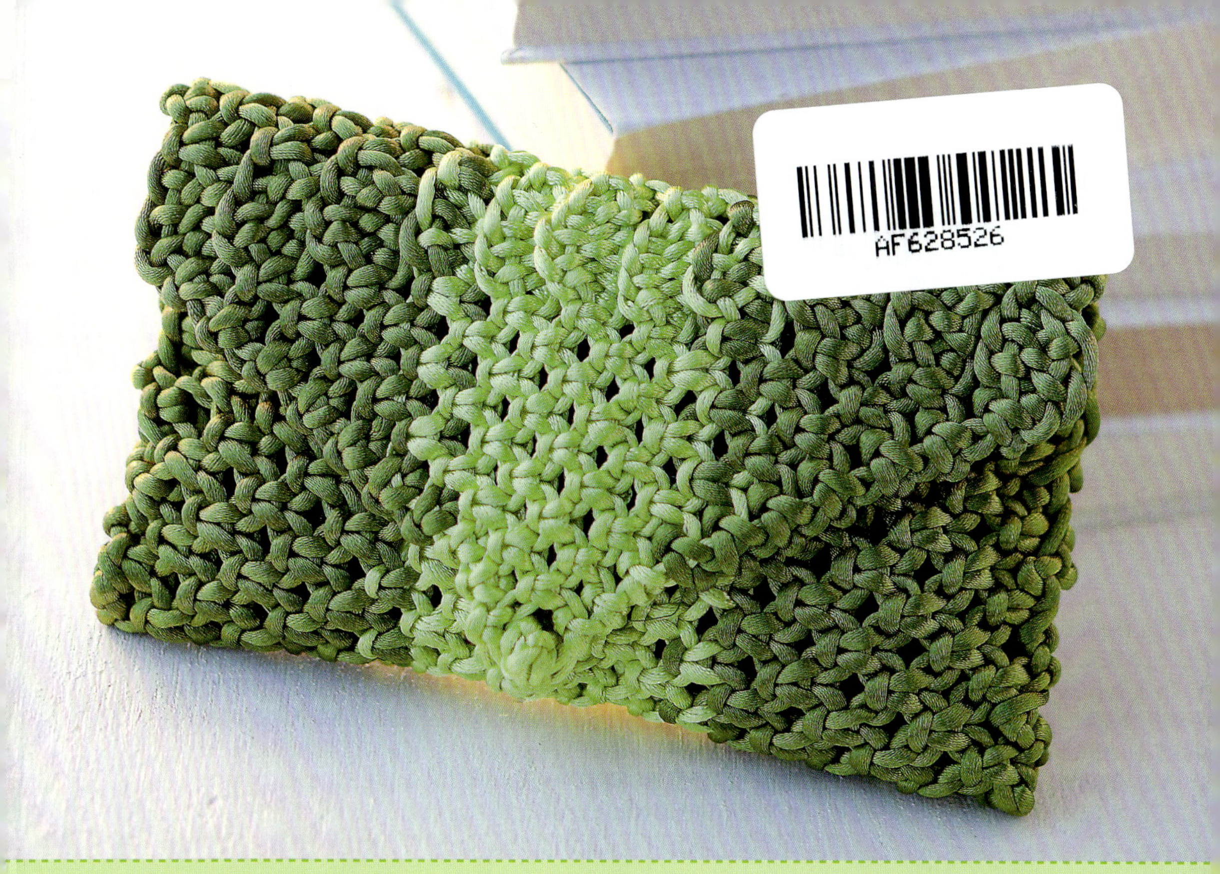

Seit vielen Jahren sind selbst geknüpfte Accessoires der Hit. Schmuckstücke, Gürtel oder Taschen entstehen aus dem Knüpfwerk. Wer einmal angefangen hat zu knüpfen, kommt so schnell nicht wieder davon los!

Mit einer Vielzahl moderner Garne und Kordeln können modische Begleiter für jeden Geschmack, in allen Größen und Farbkombinationen, entwickelt werden, die ganz aktuell sind und zum jeweiligen Trend passen.

Ich stelle Ihnen hier größere und kleinere Taschen vor, mit Griffen, zum Umhängen, als Brillen-, Gürtel- oder Handytasche, mit und ohne Perlen, ein- oder mehrfarbig. Stylen Sie Ihre Tasche ganz nach Ihren Vorstellungen, passend zu Ihrer Mode und Ihrem persönlichen Outfit.

Lassen Sie sich von den Formen und Farben im Buch inspirieren und knüpfen Sie Ihr trendiges Lieblingsstück! Sie werden merken: Wenn man einmal den Bogen – nein, den Knoten – raus hat, ist es gar nicht schwer!

Viel Freude und Spaß beim Knüpfen! *Inge Walz*

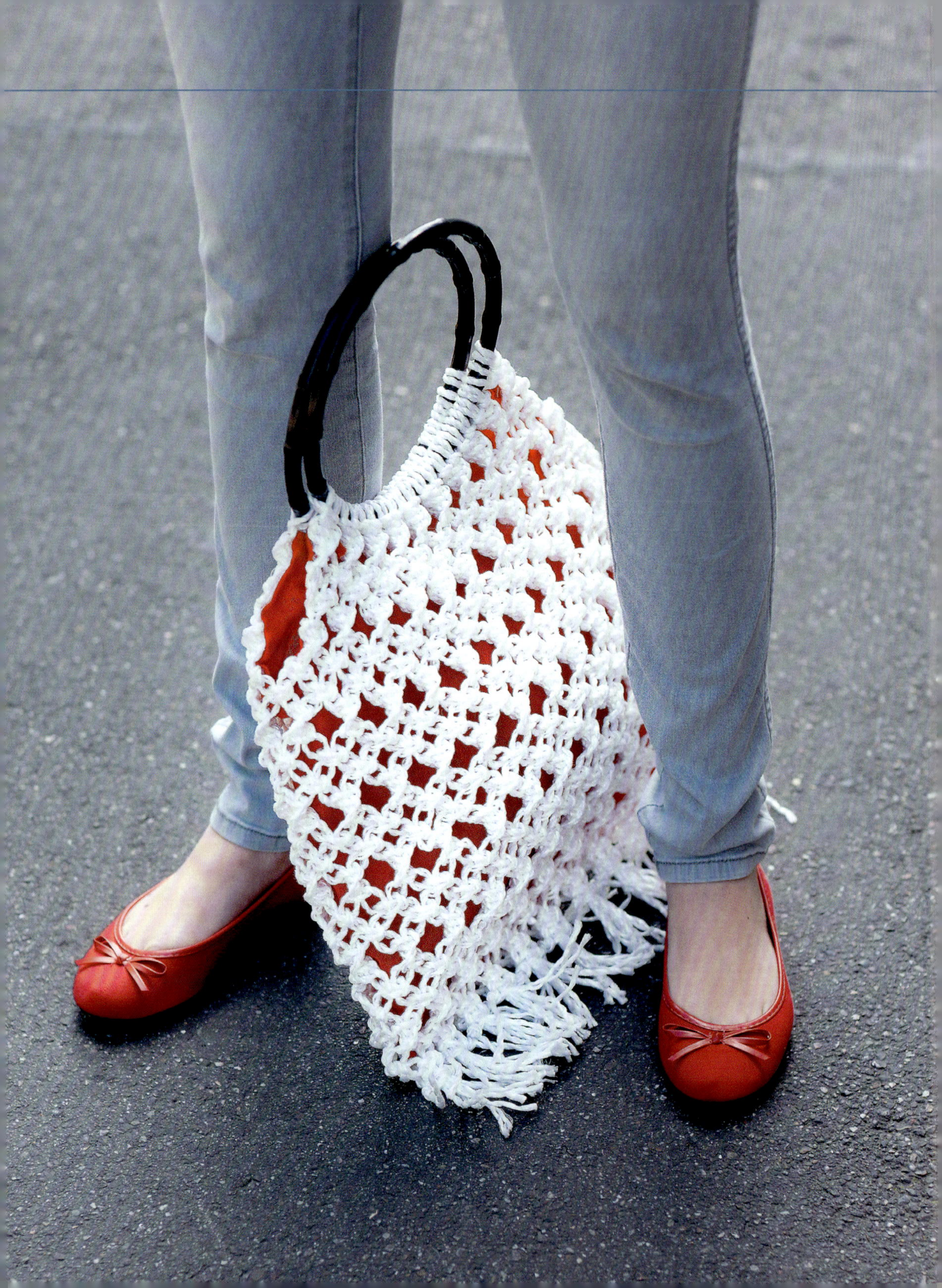

Einkaufsnetz Bianca

für den großen Einkauf

GRÖSSE
39 cm breit, 60 cm hoch

MATERIAL
- 40 Fäden Kunststoffkordel (PP-Kordel) in Weiß, 2,80 m
- 8 Fäden Kunststoffkordel in Weiß, 2,60 m
- 2 Taschengriffe in Dunkelbraun, ø 20 cm
- Kontrastierender Stoff für das Futter

KNOTEN
- Weberknoten
- Wellenknoten
- Überhandknoten
- Kettknoten

HINWEIS
Sämtliche Knoten sehr fest anziehen, damit sie sich nicht lockern. Zwischen den einzelnen Knoten etwas Abstand lassen, damit die Tasche nach unten breiter wird.

1 Pro Taschengriff 20 Fäden (2,80 m lang) mitteln und einhängen.

2 Aus je vier Fäden fünf Wellenknoten knüpfen. An jedem Griff beidseitig mit den beiden äußeren Fäden eineinhalb Kettknoten fertigen, dazwischen versetzt unter den Wellenknotenbändern jeweils aus vier Fäden eine Reihe Weberknoten fertigen.

3 Versetzt darunter eine weitere Reihe Weberknoten knüpfen.

4 An jeder Seite außen einen 2,60 m langen Faden waagrecht unter die beiden äußeren Fäden legen und mit fünf Wellenknoten anknüpfen. Dazwischen versetzt immer fünf Wellenknoten aus vier Fäden knüpfen.

5 An jedem Taschengriff beidseitig außen nochmals je einen weiteren Faden mit einem Weberknoten anknüpfen. Dazwischen wieder versetzte Weberknoten knüpfen.

6 Nun beide Taschenteile aufeinanderlegen und aus zwei Fäden der Vorder- und zwei der Taschenrückseite je einen festen Weberknoten arbeiten und dazwischen mit Weberknoten die Runde schließen.

7 Rundum versetzt unter die Weberknoten aus je vier Fäden fünf Wellenknoten knüpfen. Zwei Reihen versetzte Weberknoten darunter arbeiten.

8 Punkt sieben noch viermal wiederholen.

9 Jeweils vier Fäden der Vorder- und vier der Rückseite mit einem festen Weberknoten aus je zwei Knüpf- und sechs Leitfäden fest verbinden. Die Knüpffäden mit Überhandknoten versehen. Fäden nach ca. 6 cm abschneiden.

10 In die Tasche kann noch ein Futter genäht werden. Dazu die Tasche auf den passenden Futterstoff legen, die Größe markieren, je 1 cm Nahtzugabe dazugeben, zusammennähen und in der Tasche fixieren.

Mein Tipp für Sie

Größe verändern Das Netz können Sie verlängern, indem Sie die Fäden länger zuschneiden; oder verbreitern, indem Sie einfach vier Fäden mehr an jedem Taschengriff einhängen.

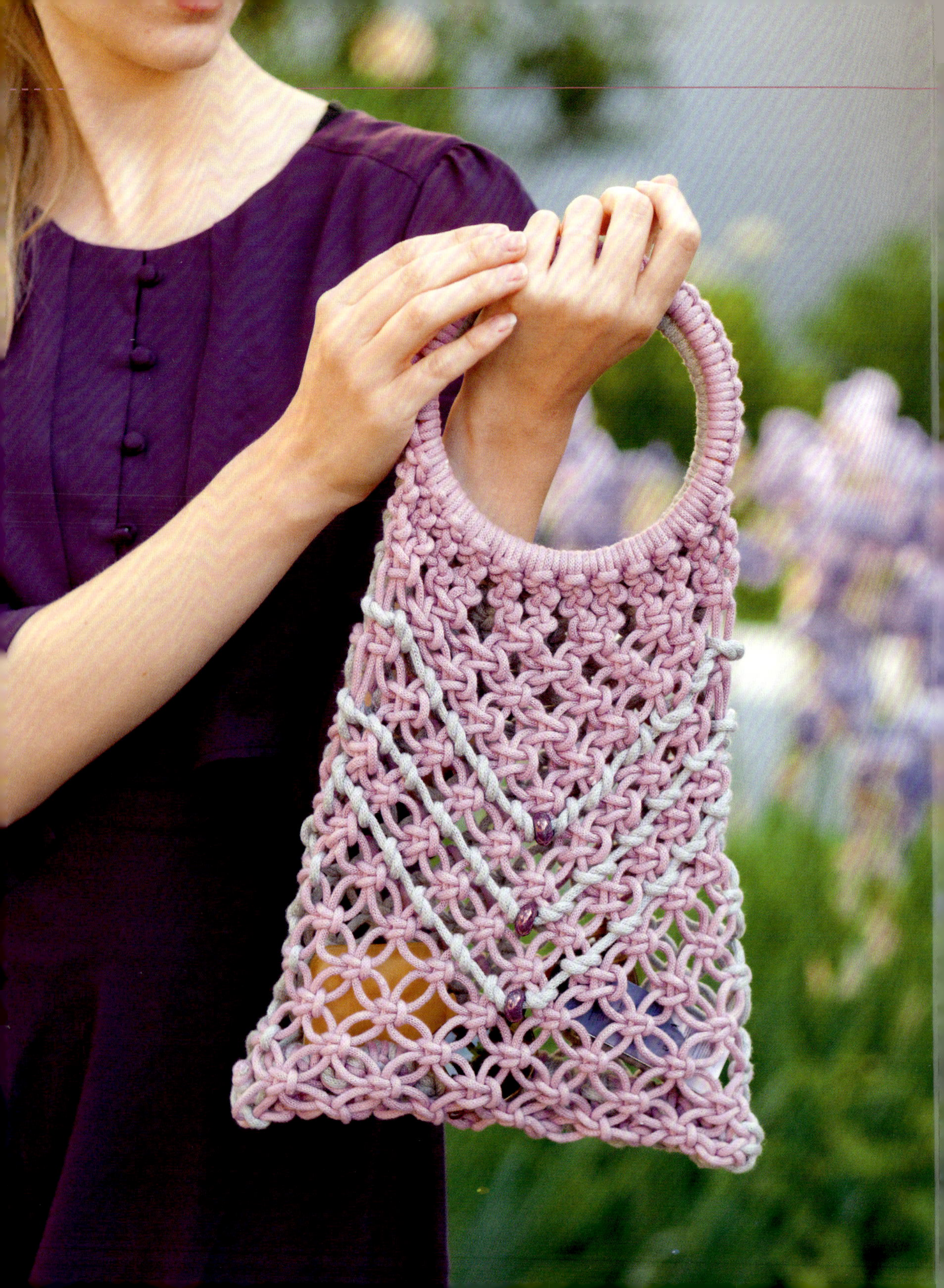

Kleine Netztasche Syringa

mit umknüpften Griffen

GRÖSSE
25 cm breit, 40 cm hoch

MATERIAL

- Anya Makrameegarn:

  12 Fäden in Aubergine/Dunkelrosa, 2,30 m

  3 Fäden in Aubergine, 0,80 m

  12 Fäden in Grau, 2,30 m

  3 Fäden in Grau, 0,80 m

  je 1 Faden in Grau und Aubergine, 4 m
- 2 Metall- oder Rohrringe, ø 15 cm
- 2 x 3 Großlochperlen aus Glas in Aubergine/Dunkelrosa, ø 1,3 cm

KNOTEN

- Weberknoten
- Kettknoten
- Schlingenknoten gegenseitig
- Überhandknoten
- doppelt einhängen
- Abknüpfrippe

HINWEIS
Die Knoten sehr fest anziehen!

1 An einem Taschengriff wird der 4 m lange Faden mit einem Schlingenknoten so angeknüpft, dass an einem Ende ca. 5 cm hängen. Diese 5 cm entlang des Ringes legen und darüber die 2,30 m langen Fäden gleicher Farbe doppelt einhängen. Nun mit dem 4 m langen Faden den Ring mit Schlingenknoten gegenseitig einknüpfen, bis der Ring nicht mehr sichtbar ist. Nun werden die letzten drei eingehängten Fäden gelockert und das Ende des 4 m langen Fadens wird mit einer Häkelnadel entlang des Ringes durchgezogen. Nun die Knoten wieder anziehen. So sind Anfang und Ende des 4 m langen Fadens unsichtbar versäubert.

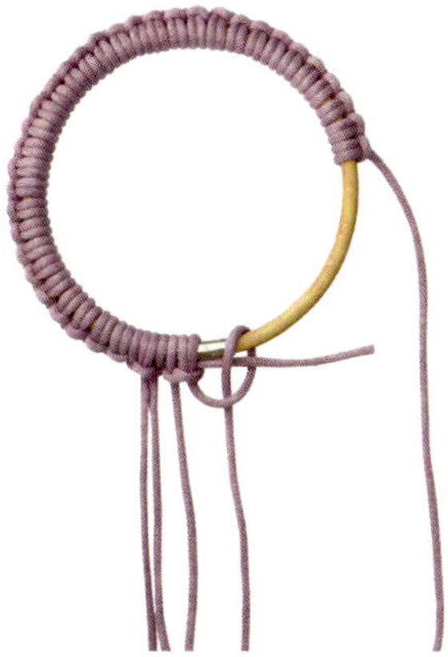

2 Aus je zwei Fäden eineinhalb Kettknoten knüpfen. Je zwei Kettknotenbänder mit einem Weberknoten zusammenknüpfen. Pro Griff je drei Reihen versetzte Weberknoten arbeiten, dabei den Abstand zwischen den Knoten immer etwas vergrößern.

3 Nun beide Taschenteile aufeinanderlegen und mit je einem Weberknoten (an den Außenseiten) aus zwei Fäden der Vorder- und zwei Fäden der Rückseite zusammenfassen. Dazwischen versetzte Weberknoten arbeiten. Elf Reihen versetzte Weberknoten knüpfen, dabei in jeder Reihe den Abstand etwas vergrößern. Direkt unter die letzte Weberknotenreihe je einen weiteren Knoten knüpfen.

4 Tasche umdrehen und eine Abknüpfrippe knüpfen, dabei die Fäden sehr straff anziehen und jeweils nach zwei Knoten Innenfäden ausschneiden, immer mit wenig Klebstoff fixieren. Abschließend die beiden Knüpffäden mit Überhandknoten und die Innenfäden mit Klebstoff versehen. Unbedingt darauf achten, dass nicht die neuesten Innenfäden abgeschnitten werden. Die Fadenenden zusätzlich mit Nadel und Faden annähen. Tasche wieder umdrehen.

5 Jeweils über zwei Fäden (gespannte Fäden zwischen den Weberknoten) schräg zur Mitte hin einen Faden der Gegenfarbe schlingen, in der Taschenmitte eine Perle aufziehen und wieder schräg nach oben fortfahren. Dabei unterhalb der 1. Weberknotenreihe außen beginnen. Die nächsten beiden Reihen genauso umschlingen. Die Fadenenden auf der Tascheninnenseite festnähen.

Blüten, Blätter und Quasten machen diese Tasche zu einem ganz besonderen Stück.

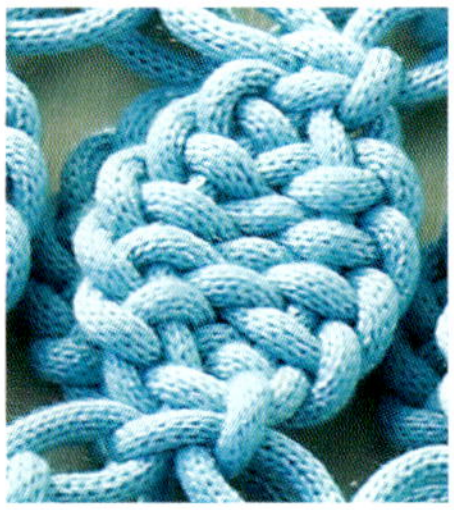
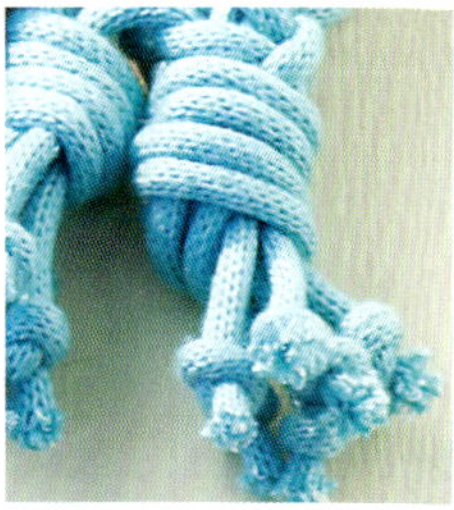

Einkaufsnetz Flora

mit Blättern und Blüten

GRÖSSE
35 cm breit, 60 cm hoch

MATERIAL
- Anya Makrameegarn:
  28 Fäden in Türkis, 3,60 m
  4 Fäden in Türkis, 3 m
  2 Fäden in Türkis, 6 m
  2 Metall- oder Bambusringe, ø 20 cm

KNOTEN
- doppelt einhängen
- Feigenknoten
- Weberknoten
- Überhandknoten
- Schlingenknoten gegenseitig

HINWEIS
Der Abstand zwischen den einzelnen versetzten Weberknoten muss jeweils ca. 2 cm betragen. Wichtig ist, dass die Weberknoten immer sehr straff angezogen werden.

1 An jedem Taschengriff einen 4 m langen Faden mit einem Schlingenknoten so anknüpfen, dass an einem Ende 5 cm hängen. Diese 5 cm am Ring entlang legen und dann darüber alle 3 m langen Fäden doppelt einhängen. Nun mit dem 4 m langen Faden den Rest des Ringes mit Schlingenknoten gegenseitig (ca. 34 Knoten) umknüpfen, bis der Ring nicht mehr sichtbar ist. Die letzten drei Einhängefäden etwas lockern und mit einer Häkelnadel das Fadenende unter die Einhängefäden (entlang des Ringes) ziehen. So sind die Knüpffadenenden nicht mehr sichtbar. Fäden wieder straff anziehen.

2 Aus je vier Fäden einen Feigenknoten, bestehend aus einem Weberknoten und fünf Flechtknoten wechselnder Breite und wieder einem Weberknoten arbeiten. Unter beiden äußeren Feigenknoten je einen weiteren Weberknoten anfügen. An jedem Taschengriff waagrecht jeweils unter die beiden äußeren Fäden einen 2,60 m langen Faden legen und mit einem Weberknoten anknüpfen (Knüpffäden = neuer Faden, Leitfäden = bestehende Fäden). Zwischen den einzelnen Knoten die Fäden ca. 2 cm straff spannen. Dazwischen je sechs versetzte Weberknoten knüpfen. In der nächsten Reihe die beiden Taschenteile aufeinanderlegen und mit einem Weberknoten aus zwei Fäden der Vorder- und zwei Fäden der Taschenrückseite zusammenknüpfen. Dazwischen je sieben Weberknoten fertigen.

3 Zehn Reihen versetzte Weberknoten arbeiten, dabei die Knoten sehr straff anziehen, damit sie sich nicht lockern.

4 Versetzt darunter eine Runde Feigenknoten wie bei Punkt 1 beschrieben sowie zwei weitere Reihen versetzte Weberknoten fertigen.

5 Jeweils zwei Feigenknoten übereinander legen und aus je vier Fäden, am Rand aus sechs Fäden, einen Überhandknoten fertigen. Es sind also fünfzehn Überhandknoten, dreizehn aus vier und zwei aus sechs Fäden. Die Fäden gleichmäßig anziehen und jedes Fadenende einzeln nach ca. 2 cm nochmals mit einem Überhandknoten versehen.

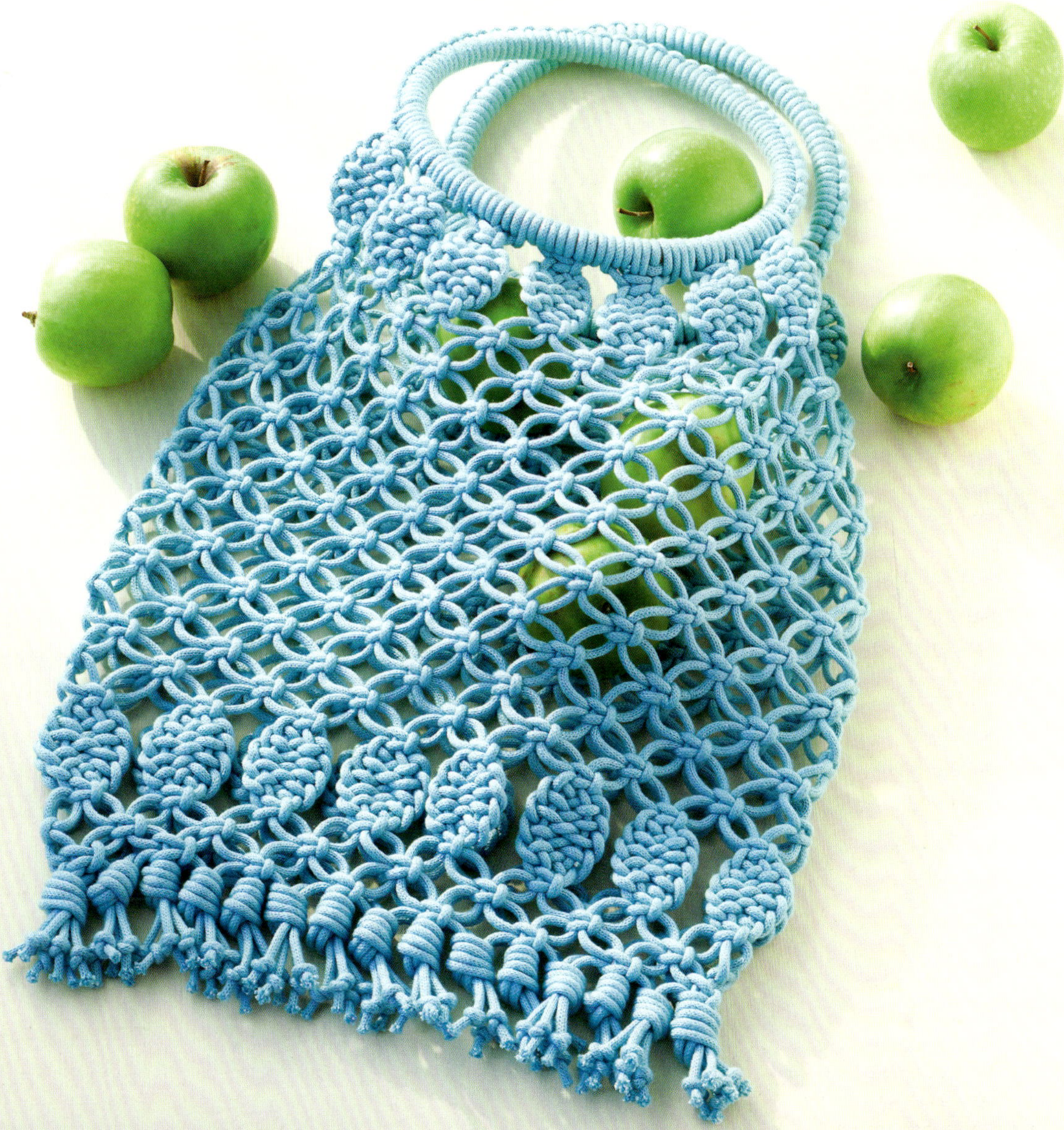

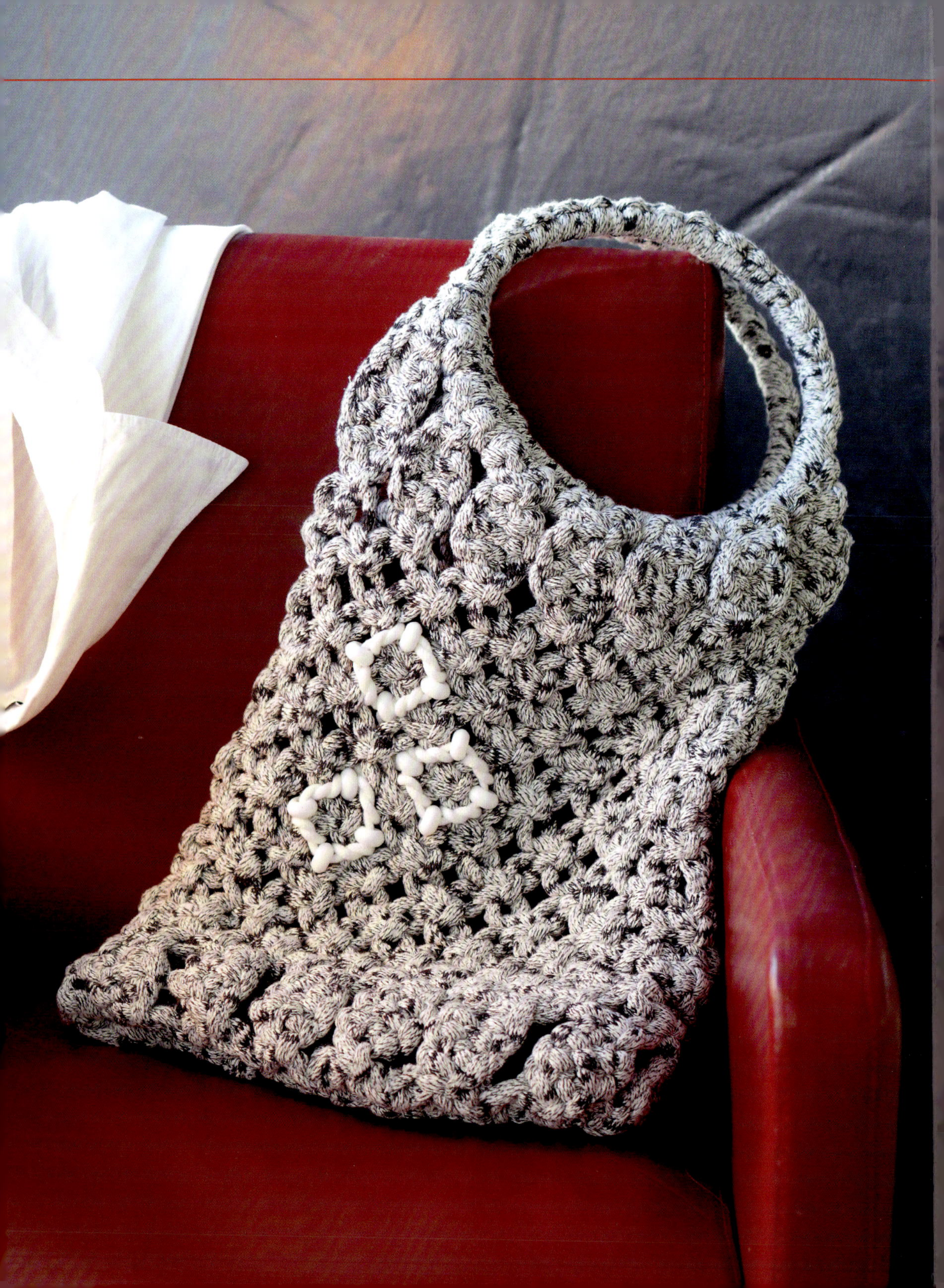

Einkaufsnetz Melli

schick in Schwarz-Weiß

GRÖSSE
23 cm breit, 60 cm hoch

MATERIAL
- 28 Fäden in Schwarz-Weiß meliert, 3,50 m (Zpagetti)
- 2 Fäden in Schwarz-Weiß meliert, 5 m (Zpagetti)
- 3 Fäden in Weiß, 0,50 m
- 2 Metallringe, ø 20 cm
- 12 Großlochperlen aus Glas in Weiß, ø 13 mm

KNOTEN
- doppelt einhängen
- Schlingenknoten gegenseitig
- Feigenknoten
- versetzte Weberknoten
- Überhandknoten

HINWEIS
Diese Tasche ist eine Variation von Flora (S. 7).

1 Einen 3 m langen Faden an einem ca. 5 cm langen Ende entlang des Ringes legen und darüber je 14 Fäden, 1,50 m lang, doppelt einhängen. Den Rest des Ringes mit Schlingenknoten gegenseitig umknüpfen, Fadenende mit einer Häkelnadel unter die letzten Einhängefäden ziehen. Eventuell die Fäden vorher etwas lockern.

2 Jeweils aus den äußeren vier Fäden einen Feigenknoten aus einem Weberknoten und fünf Flechtknoten wechselnder Breite und wieder einem Weberknoten knüpfen. Dazwischen jeweils fünf Feigenknoten, dabei nur einen Weberknoten, drei Flechtknoten und wieder einen Weberknoten fertigen.

3 2 cm Abstand zur Vorreihe lassen, beide Taschenteile aufeinander legen und mit zwei Fäden der Vorder- und zwei Fäden der Rückseite einen Weberknoten arbeiten. Dazwischen aus je vier Fäden versetzte Weberknoten knüpfen. 11 Reihen versetzte Weberknoten fertigen, dabei die Knoten straff anziehen und Abstand zwischen den einzelnen Knoten lassen, sodass die Tasche nach unten etwas breiter wird.

4 Mit einer Feigenknotenreihe wie unter Punkt 2 beschrieben fortfahren. Versetzt darunter jeweils zwei Weberknoten knüpfen. Tasche umdrehen und aus je vier Fäden der Vorder- und vier Fäden der Rückseite zwei straffe Weberknoten (2 Leit-/6 Knüpffäden) knüpfen. Knüpffadenenden mit je einem Überhandknoten versehen, die Leitfäden abschneiden und mit wenig Klebstoff fixieren.

5 Aus den weißen Fäden jeweils um einen Weberknoten eine Bordüre schlingen, dazwischen pro Schlinge je eine Perle aufziehen. Die Fadenenden auf der Tascheninnenseite verknoten und vernähen.

Umhängebeutel Primavera

frühlingsfrische Farben

GRÖSSE (OHNE HENKEL)
21 cm breit, 28 cm hoch

MATERIAL
- z.B. Linea Pura Cashsilk, Lana Grossa

TASCHE
- 24 Fäden in Gelb, 2,60 m
- 24 Fäden in Hellgrün, 2,60 m
- 24 Fäden in Dunkelgrün, 2,60 m

HENKEL
- 2 Fäden in Dunkelgrün, 3,50 m
- 2 Fäden in Dunkelgrün, 7 m

KORDEL
- 2 Fäden in Gelb, 1 m
- 1 Faden in Hellgrün, 1 m
- 60 Großlochperlen in div. Grüntönen, ø 1 cm

KNOTEN
- Weberknoten
- Wellenknoten
- Überhandknoten
- Flechten mit drei Fäden

Kordel

Die drei 1 m langen Fäden an einem Ende mit einem Überhandknoten zusammenfassen und ca. 80 cm flechten. Mit einem Überhandknoten abschließen.

Henkel

1 Die 3,50 m und 7 m langen Fäden parallel legen und nach ca. 1,30 m mit einem Überhandknoten verbinden. Mit den langen Fäden als Knüpf- und den kurzen Fäden als Leitfäden drei Weber-, sechs Wellen-, drei Weberknoten knüpfen.

2 Auf die Leitfäden 1 Perle ziehen – 3 Wellenknoten – 1 Perle – 4 Wellenknoten, 1 Perle – 5 Wellenknoten, 1 Perle – 6 Wellenknoten, 1 Perle – 7 Wellenknoten, 1 Perle – 8 Wellenknoten, 1 Perle – 9 Wellenknoten, 1 Perle – 10 Wellenknoten – 1 Perle. *10 Weberknoten, 10 Wellenknoten knüpfen. Ab * gegengleich wiederholen.

Tasche

1 Auf jeweils 12 gelbe, 12 hell- und 12 dunkelgrüne Fäden in die Mitte eine Perle schieben. Jeweils dahinter waagrecht einen gleichfarbigen Faden legen und mit einem Weberknoten anknüpfen. Die Fäden wie folgt anordnen: 3 gelbe – 3 hellgrüne – 3 dunkelgrüne – Henkel – 3 dunkelgrüne – 3 hellgrüne – 6 gelbe – 3 hellgrüne – 3 dunkelgrüne – Henkel – 3 dunkelgrüne – 3 hellgrüne – 3 gelbe.

2 Die Kordel durch die Perlen ziehen, bei drei gelben Perlen beginnen und nach drei gelben Perlen enden.

3 Die Perlenfäden nun mit drei Runden versetzter Weberknoten verbinden, dabei beidseitig jeweils die vier Henkelfäden mit einknüpfen. Versetzt darunter je fünf Wellenknoten fertigen. Versetzt darunter eine Runde Weberknoten sowie versetzt darunter je 5 Wellenknoten knüpfen. 28 Reihen versetzte Weberknoten knüpfen, dabei immer etwas Abstand zwischen den einzelnen Knoten lassen. Versetzt darunter je drei Wellenknoten, versetzt eine Runde Weberknoten, versetzt je drei Wellenknoten, versetzt zwei Reihen Weberknoten.

Abschluss

Versetzt beidseitig aus je sechs Fäden der Vorder- und sechs Fäden der Rückseite, (2 Knüpf-/10 Leitfäden) dazwischen aus je vier Fäden der Vorder- und vier Fäden der Rückseite (2 Knüpf-/6 Leitfäden) sieben Wellenknoten knüpfen. Die Knüpffäden jeweils direkt nach dem Knoten mit einem straffen Überhandknoten versehen. Sämtliche Fäden nach je 4 cm mit einem weiteren Überhandknoten verzieren.

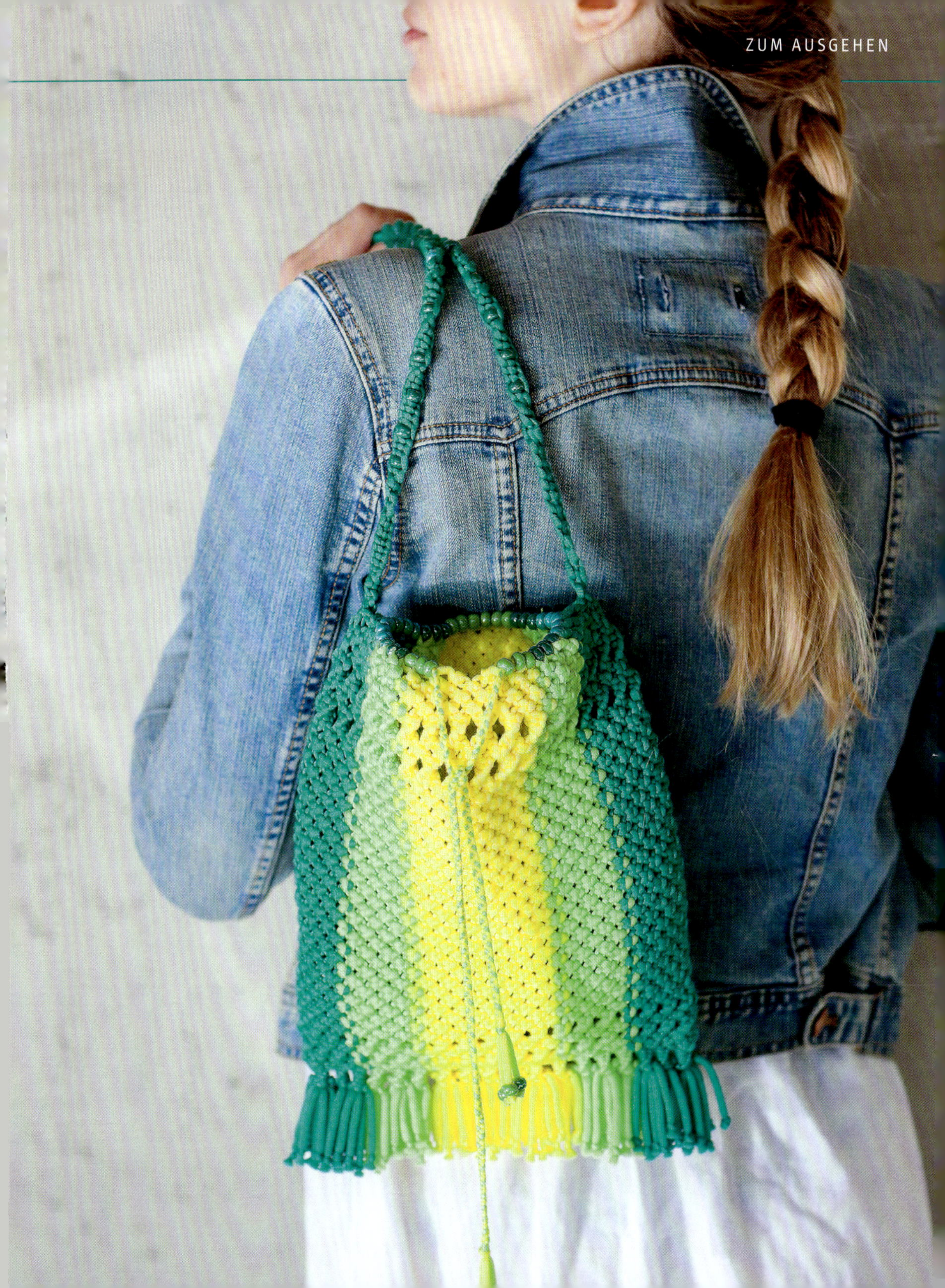

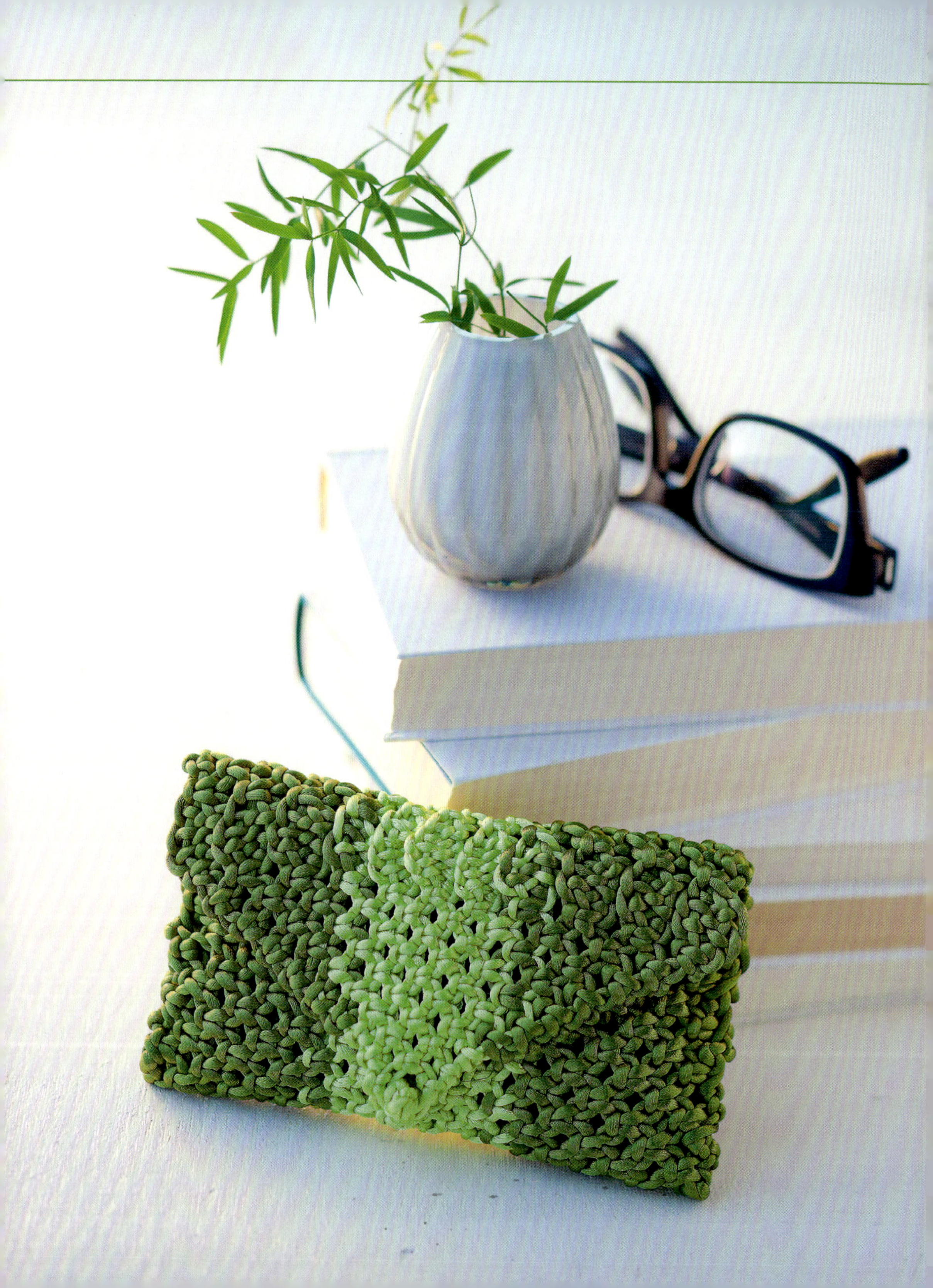

Gefütterte Brillentasche Emma

für den richtigen Durchblick

GRÖSSE
16,5 cm breit, 10 cm hoch

MATERIAL
- 8 Fäden Satinkordel in Hellgrün, 2,10 m, ø 1,5 mm
- 16 Fäden Satinkordel in Dunkelgrün, 2,10 m, ø 1,5 mm
- 2 Fäden Satinkordel in Dunkelgrün, 0,50 m, ø 1,5 mm
- Futterstoff in Dunkelgrün, ca. 26 cm x 17 cm

KNOTEN
- Weberknoten
- Erbsknoten
- Feigenknoten
- Rippenknoten

HINWEIS
Die Knoten immer sehr fest anziehen und zwischen den einzelnen Knoten stets etwas Abstand lassen!

1 Zwei hellgrüne Fäden mitteln und einen Weberknoten fertigen. Etwas Abstand zur nächsten Reihe lassen.

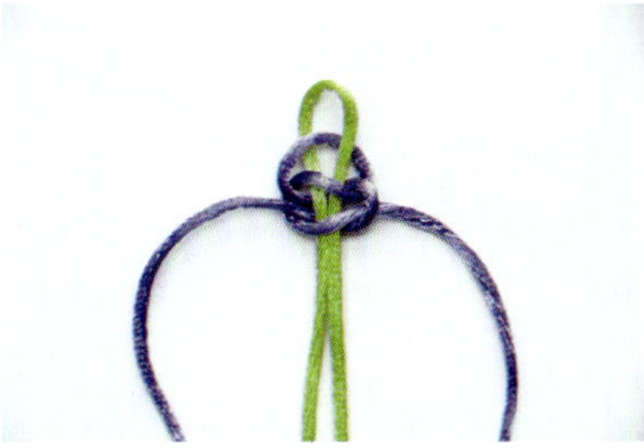

2 Beidseitig je einen Faden (im Foto lila zur Verdeutlichung) mit einem Weberknoten anknüpfen und versetzt darunter einen Weberknoten arbeiten.

3 Punkt 2 zuerst mit den hellgrünen, anschließend mit den dunkelgrünen Fäden wiederholen, dazwischen jeweils aus vier Fäden Weberknoten knüpfen.

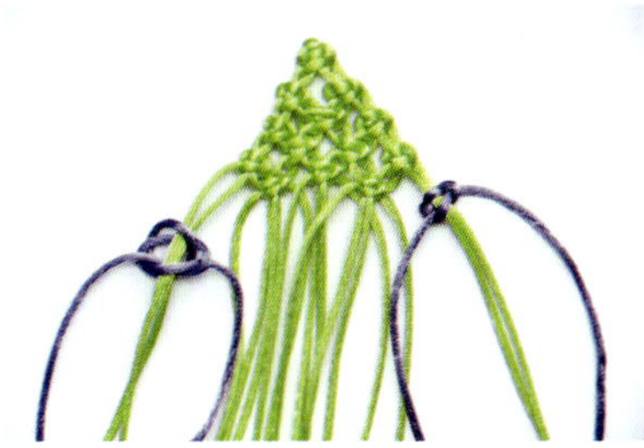

4 Eine Reihe Feigenknoten aus je vier Fäden aus je einem Weberknoten und drei bis fünf Flechtknoten wechselnder Breite und wieder einem Weberknoten knüpfen.

5 34 Reihen versetzte Weberknoten (ca. 18–20 cm) knüpfen, jedoch in der 26. Reihe aus den mittleren vier Fäden einen Erbsknoten fertigen und mit versetzten Weberknoten bis zur 34. Reihe fortfahren. Mit dem rechten Faden als Leitfaden eine Reihe feste Rippenknoten knüpfen. Den Leitfaden anziehen und ankleben. Die restlichen Fadenenden mit wenig Klebstoff versehen und straff an die Weberknoten kleben.

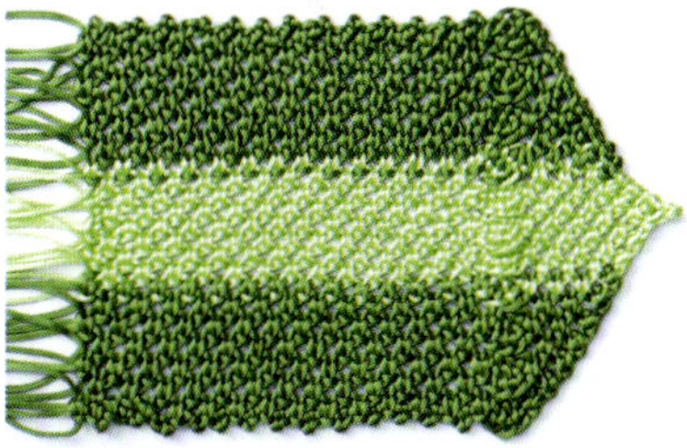

6 Den Futterstoff so aufnähen, dass keine Fadenenden mehr sichtbar sind.

7 Das Weberknotenband ca. 9–9,5 cm einklappen und beidseitig mit einem 0,50 m langen dunkelgrünen Extrafaden am Rand mit Hilfe einer Häkelnadel zusammenfassen. Beide Fadenenden verknoten und mit wenig Klebstoff in der Tasche fixieren.

8 Der Erbsknoten bildet den Verschluss – als Knopfloch dient die Öffnung zwischen dem ersten und zweiten Knoten.

Gürteltasche Lagune

in sommerlichem Weiß-Blau

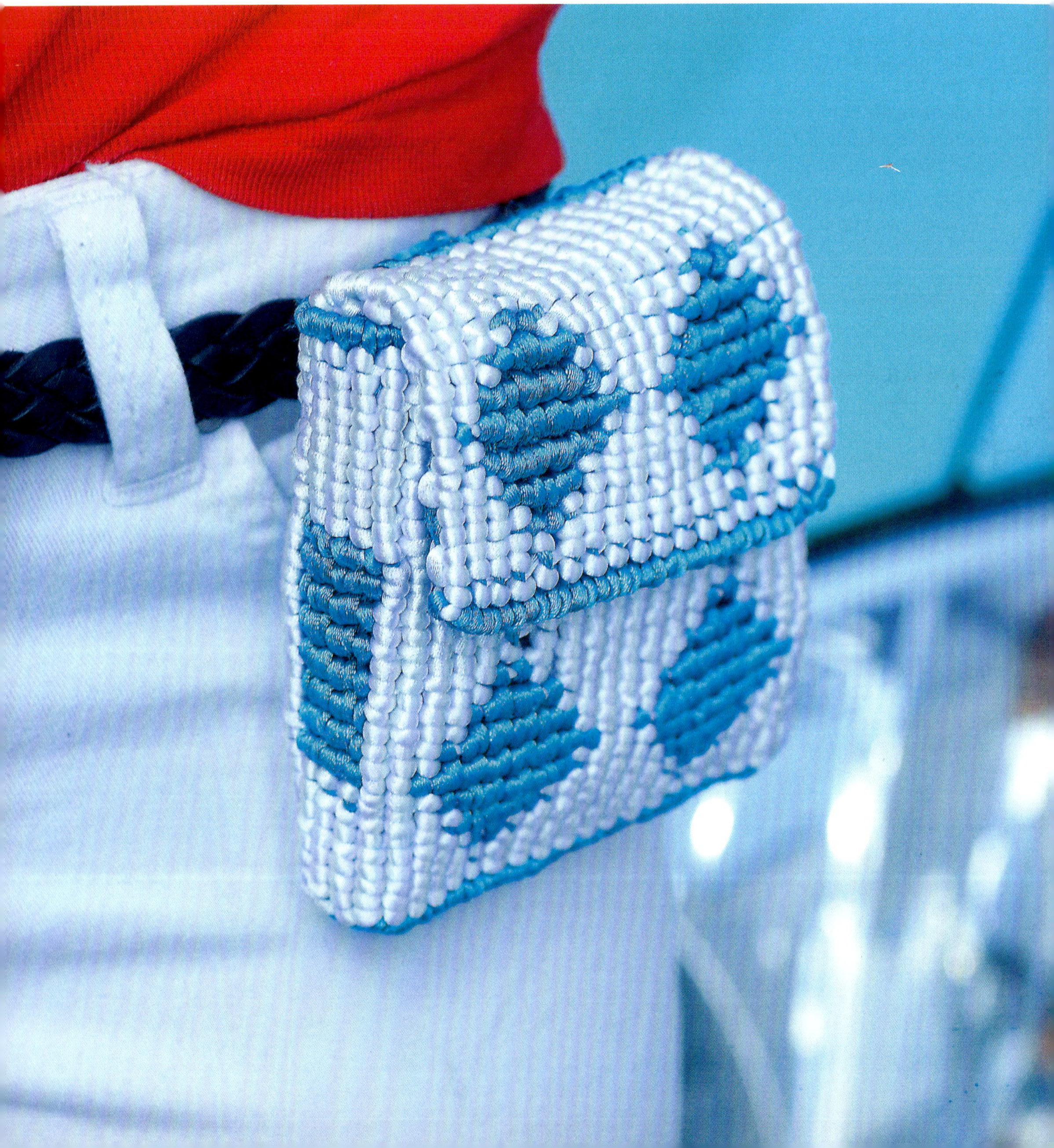

GRÖSSE
10,5 cm breit, 12 cm hoch

MATERIAL
- 23 Fäden Satinkordel oder gedrehte Kordel in Türkis, 1,5 m, ø 1,5 mm
- 1 Faden Satinkordel oder gedrehte Kordel in Weiß, 20 m, ø 1,5 mm
- je 1 Faden Satinkordel oder gedrehte Kordel in Türkis, 0,4 m und 1 m, ø 2 mm

KNOTEN
- Rippenknoten senkrecht und waagerecht
- Weberknoten

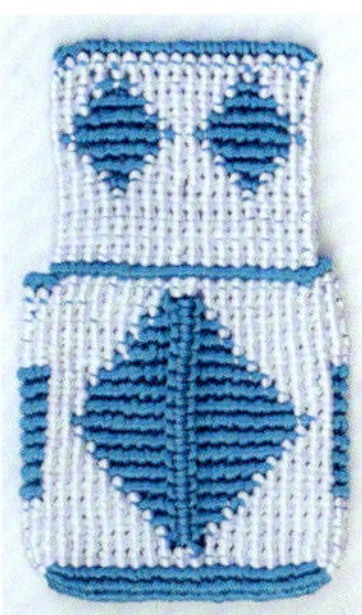

1 Boden: Einen Faden in Türkis mitteln und beidseitig 18 Fäden in Türkis mit waagrechten Rippenknoten anknoten. Die restlichen vier Fäden parallel legen und ebenfalls mit Rippenknoten befestigen.

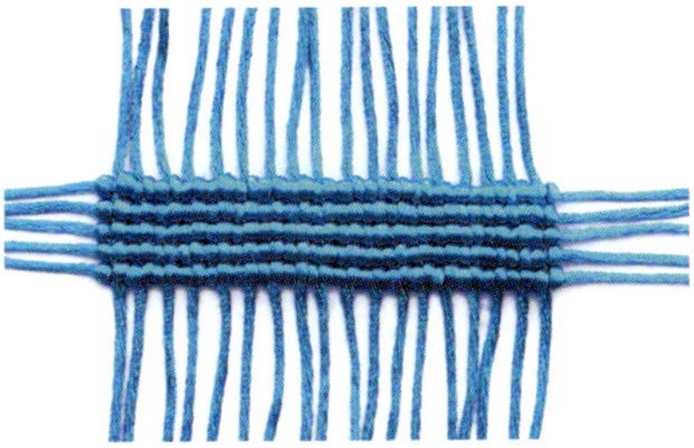

2 Den langen weißen Faden mit einem Gummi zusammenbinden und mit einem senkrechten Rippenknoten anknoten.

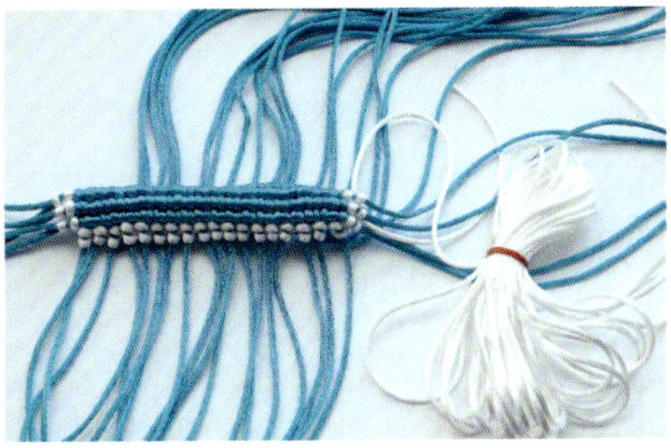

3 Nach Zählmuster im Wechsel zwischen waagrechten und senkrechten Rippenknoten 17 Runden weiter knüpfen. Auf der Rückseite ist eine Raute, auf der Vorderseite sind vier Rauten.

4 Eine Runde waagerechte Rippenknoten fertigen. Dabei die Fäden nach innen ziehen.

5 Für die Taschenklappe mit 18 Fäden auf der Rückseite weiterknüpfen. Mit einer Reihe waagerechter Rippenknoten abschließen. Sämtliche Fäden mit einer Häkelnadel in die Taschenmitte durch ein paar Knoten ziehen.

6 Für die Gürtelschlaufe unterhalb der Raute auf der Rückseite genau hinter dem mittleren Knoten die beiden 0,4 m und 1 m langen türkisfarbenen Fäden mit einer Häkelnadel mittig hinter den beiden Rippenknoten durchziehen. 15 Weberknoten knüpfen. Alle vier Fäden hinter den beiden Rippenknoten in der Mitte – oberhalb der Raute – in die Taschenmitte ziehen und im Tascheninneren verknoten.

7 In die Taschenklappe kann ein Druckknopf eingenäht werden.

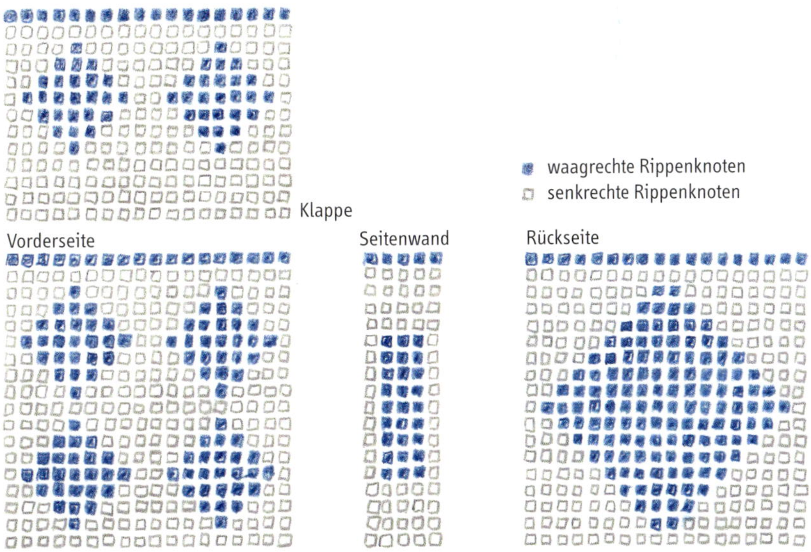

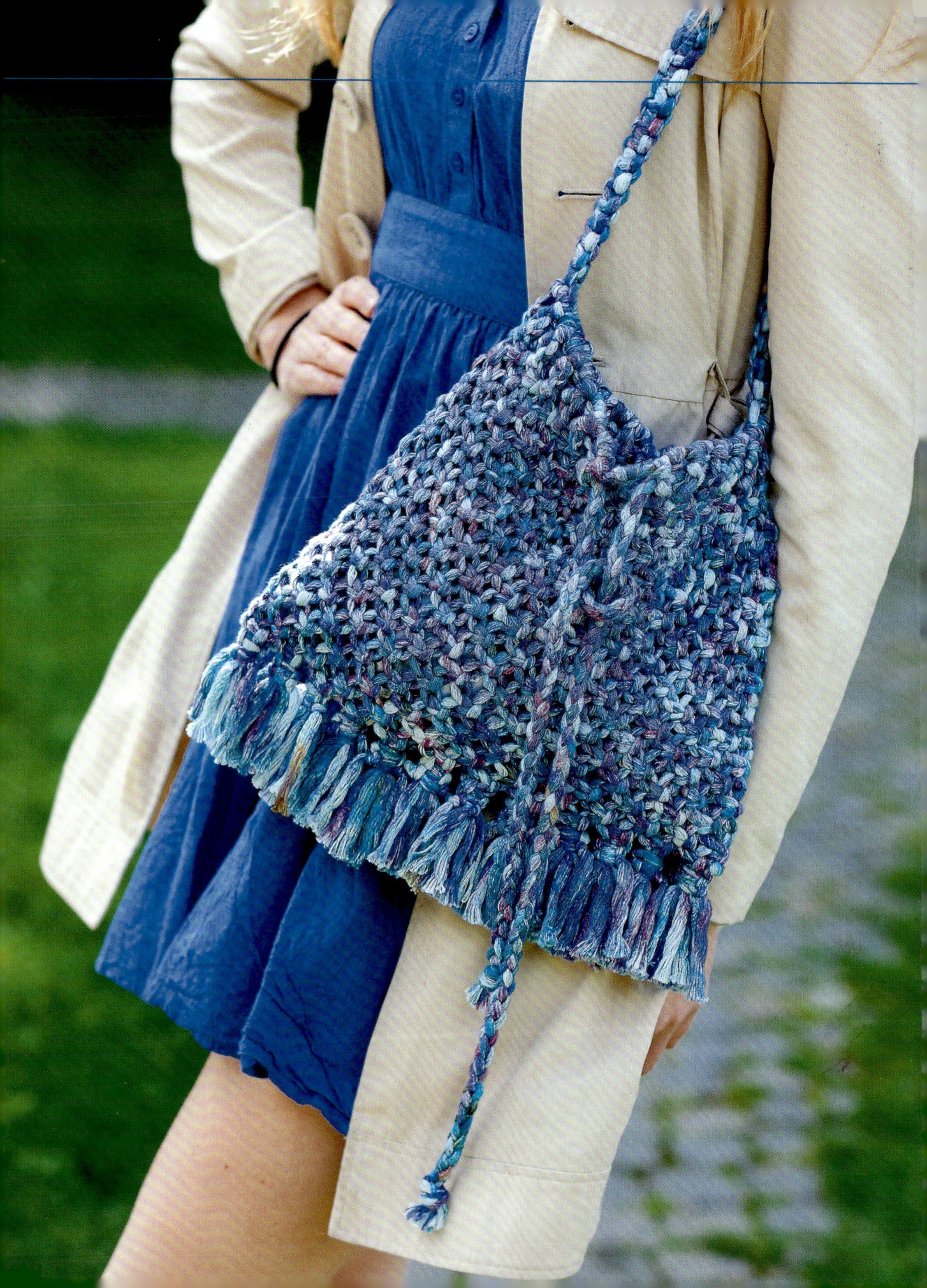

Umhängebeutel Ozean

blau wie das Meer

GRÖSSE (OHNE TRAGEBAND)
28 cm breit,
29 cm hoch

MATERIAL
- Big Easy Vivo Print von Lana Grossa:
  50 Fäden, 2,60 m
  1 Faden, 6 m
  1 Faden, 1,60 m
  4 Fäden, 1,40 m

KNOTEN
- Weberknoten
- Überhandknoten
- Kettknoten
- Rundkordel
- Rippenknoten

1 Alle 2,60 m langen Fäden mitteln und am 1,60 m langen Faden einhängen. Die Fadenenden des 1,60 m langen Fadens gleich lang ziehen, so dass die eingehängten Fäden in der Mitte sind, und beide Fadenenden mit einem lockeren Überhandknoten versehen. Dieser Knoten wird später wieder gelöst.

2 Aus je zwei 2,60 m langen Fäden eineinhalb Kettknoten knüpfen.

3 Jeweils zwei Kettknotenbänder mit einem Weberknoten zusammenfassen.

4 17 Runden versetzte Weberknoten knüpfen.

5 Beidseitig am Rand fünf Fäden von hinten und fünf Fäden von der Vorderseite mit zwei Weberknoten (2 Knüpf-/8 Leitfäden) straff zusammenknüpfen. Dazwischen jeweils vier Fäden von vorne und vier Fäden (2 Knüpf-/6 Leitfäden) von hinten genauso zusammenfassen. Sämtliche Knüpffäden mit straffen Überhandknoten, direkt am letzten Weberknoten, versehen und alle Fadenenden nach ca. 5 cm abschneiden.

6 Henkel: Den Überhandknoten am 1,60 m langen Faden lösen (Taschenöffnung ca. 25 cm). Den 6 m langen Faden mitteln und mit einem Weberknoten an den 1,60 m langen Fäden anknüpfen. Die beiden kurzen Fäden sind die Leitfäden und der neu eingehängte Faden (6 m) bildet den Knüpffaden. 70 cm Weberknoten (ca. 60 Weberknoten) knüpfen. Alle vier Fadenenden beidseitig eines Kettknotenbandes (gegenüberliegend) mit einem straffen Rippenknoten am 1,60 m langen Faden anknüpfen und alle vier Fadenenden mit einer Häkelnadel an der Tascheninnenseite 5 cm durch die Knoten ziehen und mit Nadel und Faden annähen.

7 Rundkordel: Die 1,40 m langen Fäden an einem Ende mit einem Überhandknoten versehen und 80 cm Rundkordel aus den vier Fäden flechten. Mit einem Überhandknoten über vier Fäden abschließen.

8 Die Rundkordel durch die Kettknotenbänder am oberen Taschenrand flechten.

Mein Tipp für Sie

Abschlussvariante Wer keine Fransen mag, kann den Abschluss wie bei der Tasche Barna (S. 18) arbeiten.

Ausgehtasche Barna

im Retro-Look

GRÖSSE (MIT GRIFF)
26 cm breit, 35 cm hoch

MATERIAL

- z. B. Ribbon XL von Zpagetti:

  8 Fäden in Dunkelbraun, 2,80 m

  12 Fäden in Beige, 2,80 m

  16 Fäden in Hellbraun, 2,60 m

  1 Faden in Dunkelbraun, 1 m (Leitfaden für Boden)

  12 Fäden in Dunkelbraun, 2,60 m
- 2 Rattan-Taschengriffe in Dunkelbraun, 26 cm breit

KNOTEN

- Weberknoten
- Rippenknoten
- Überhandknoten

1 An jedem Taschengriff (von links nach rechts) folgende Fäden mitteln und einhängen: 2 dunkelbraune – 4 hellbraune – 6 beigefarbene – 4 hellbraune – 2 dunkelbraune.

2 Aus je vier Fäden einen Weberknoten arbeiten.

3 Jeweils am Rand einen weiteren dunkelbraunen Faden unter die beiden äußeren braunen Fäden legen und mit vier Wellenknoten untereinander anknüpfen (der neue Faden ist der Knüpffaden). Dazwischen acht weitere Wellenknotenbänder aus je vier Fäden knüpfen.

4 In der nächsten Reihe außen jeweils einen weiteren Faden mit einem Weberknoten anknüpfen (neue Fäden sind jeweils die Knüpf-, die beiden bestehenden Fäden sind die Leitfäden). Dazwischen versetzt zur oberen Reihe neun Weberknoten arbeiten.

5 Die nächste Reihe wie Punkt 4 knüpfen, jedoch zehn Weberknoten dazwischen fertigen. Jeweils zwischen den Knoten etwas Abstand lassen.

6 Nun beide Taschenteile aufeinanderlegen und mit je einem Weberknoten aus zwei Fäden der Vorder- und zwei Fäden der Taschenrückseite verbinden, dabei wieder etwas Abstand zur Vorreihe lassen. Die Reihe mit versetzten Weberknoten weiter knüpfen.

7 23 weitere Reihen versetzte Weberknoten ausführen.

8 Nun den 1 m langen Faden als extra Leitfaden direkt unterhalb der Weberknoten anlegen und über diesen Faden eine Runde Rippenknoten so arbeiten, dass alle Fäden nach innen hängen. Beide Fadenenden straff miteinander verknoten. Tasche umdrehen, aus je vier Fäden einen Weberknoten knüpfen und von der Vorder- und Rückseite je vier Fäden mit einem weiteren Weberknoten straff zusammen knüpfen. Sämtliche Fadenenden anziehen und mit festen Überhandknoten versehen, zusätzlich mit etwas Klebstoff sichern. Tasche wieder umdrehen.

9 Wer die Tasche noch weiter schmücken möchte, kann zum Beispiel eine orangefarbene Häkelblüte mit Swarovski®-Anhänger aufnähen.

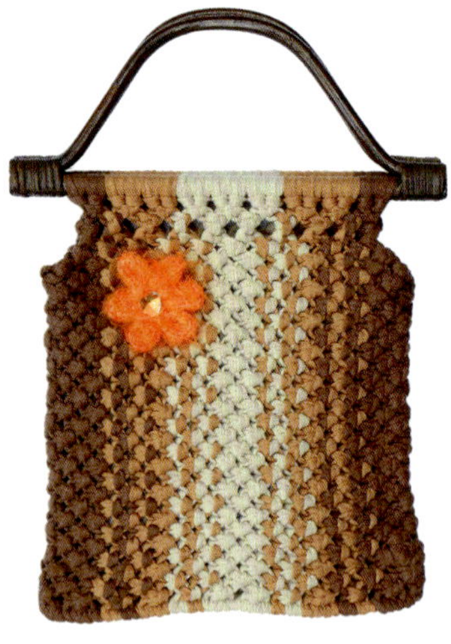

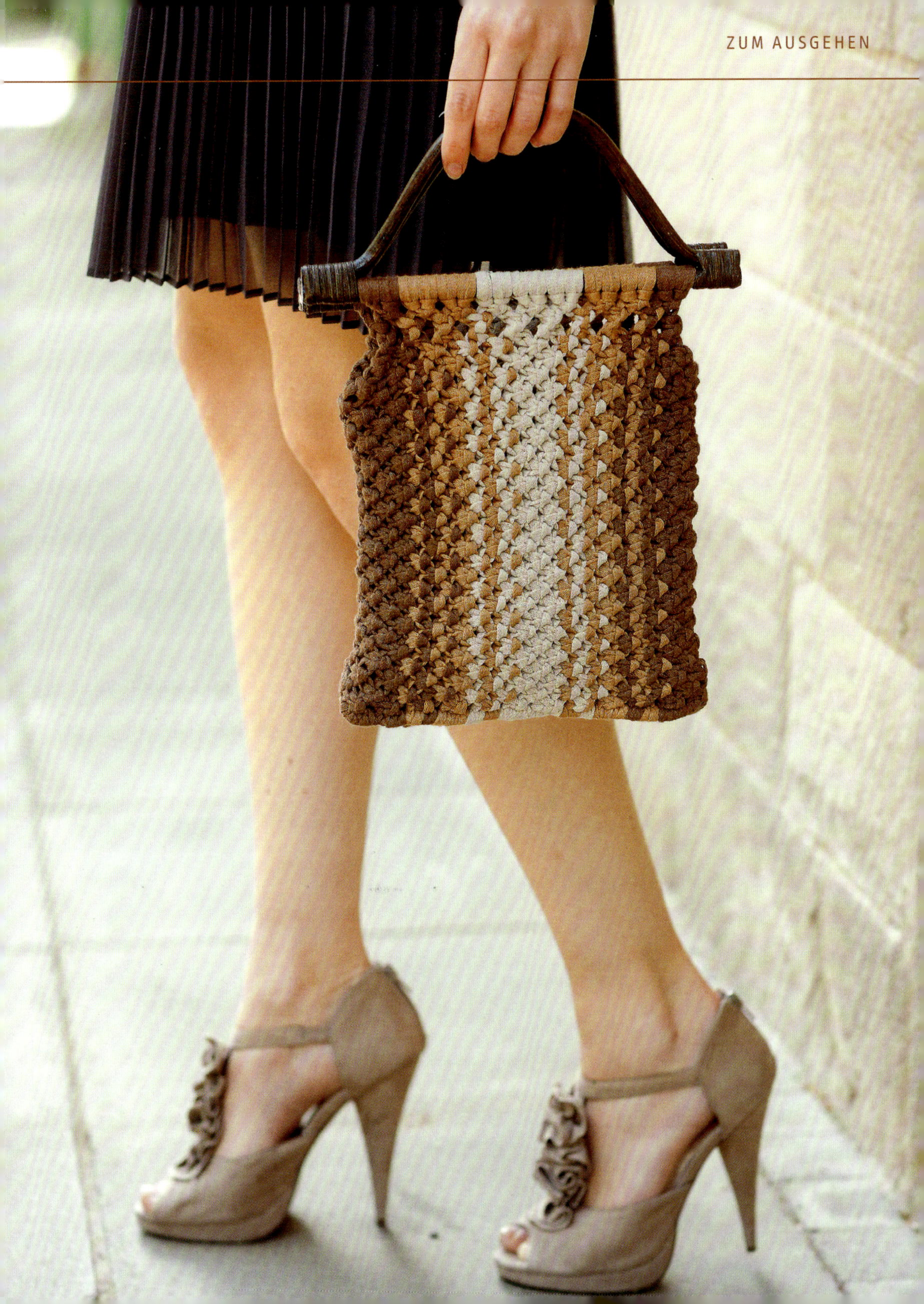

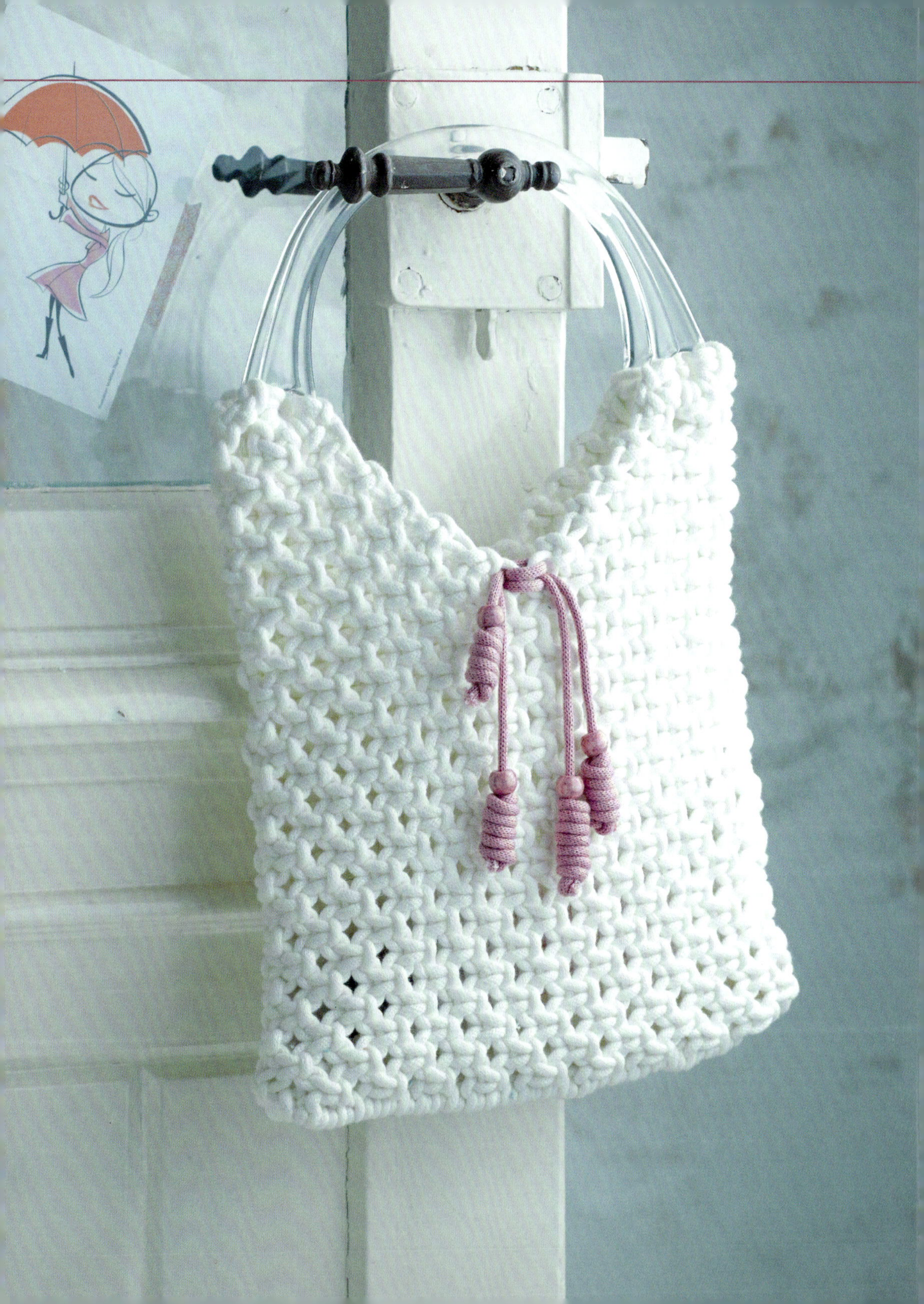

Edle Sommertasche Anemone

ganz in Weiß

GRÖSSE (MIT GRIFF)
25 cm breit, 39 cm hoch

MATERIAL
- z. B. Anya Makrameegarn:

  20 Fäden in Weiß, 2,40 m

  16 Fäden in Weiß, 2,20 m

  1 Faden in Weiß, 80 cm

  4 Fäden in Rosa, 1,20 m
- 8 Keramik-Großlochperlen, 1 cm
- 2 Taschengriffe, 20 cm breit

KNOTEN
- Weberknoten
- Rippenknoten
- Überhandknoten
- Kapuzinerknoten

1 An jeder Öse der Taschengriffe fünf lange Fäden mitteln und einhängen.

2 An jedem Bügelende jeweils mit den äußeren zwei Fäden eineinhalb Kettknoten knüpfen. Jeweils ein Kettknotenband der Taschenvorder- und ein Kettknotenband der Taschenrückseite mit einem Weberknoten zusammenarbeiten, daneben aus je vier Fäden jeweils zwei weitere Weberknoten knüpfen.

3 Jeweils einen 2,20 m langen Faden an den beiden innersten Fäden anknüpfen (pro Taschengriff zwei Fäden). Dazwischen je vier versetzte Weberknoten fertigen. Zwischen den einzelnen Knoten immer etwas Abstand lassen und die Knoten straff anziehen.

4 In der nächsten und den darauffolgenden beiden Reihen jeweils die restlichen Fäden genauso anknoten und die Zwischenräume mit versetzten Weberknoten ausfüllen.

5 Darunter zwei weitere Reihen versetzte Weberknoten knüpfen.

6 In der nächsten (8.) Reihe mit den vier mittleren Fäden auf der Vorder- und Rückseite mit je einem Weberknoten beginnen und dazwischen aus je vier Fäden Weberknoten arbeiten.

7 16 weitere Reihen versetzte Weberknoten knüpfen.

8 Den 80 cm langen Extrafaden als Leitfaden anlegen und eine Runde straffe Rippenknoten arbeiten, dabei die Fadenenden jeweils zum Tascheninneren legen. Beide Fadenenden fest zusammenknoten. Aus je vier Fäden einen Weberknoten knüpfen. Die Tasche umdrehen, so dass das Tascheninnere jetzt außen liegt, und aus jeweils vier Fäden der Vorder- und Rückseite zwei Weberknoten knüpfen. Sämtliche Fäden mit straffen Überhandknoten und etwas Klebstoff sichern.

9 Durch die beiden vordersten Ösen jeweils zwei rosa Fäden schlingen, eine Perle aufziehen und mit Kapuzinerknoten fixieren.

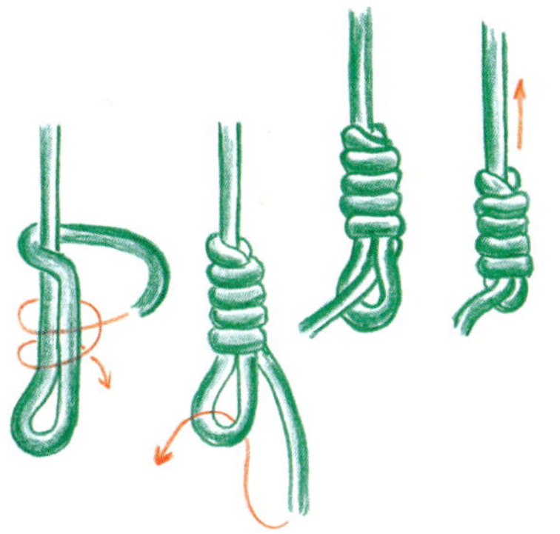

Mein Tipp für Sie

Knüpfen mit Wolle Wenn Sie anstelle von Makrameegarn Wolle verwenden, knüpfen Sie vorab einige Knoten, damit Sie ausrechnen können, ob Sie mehr und längere Fäden benötigen.

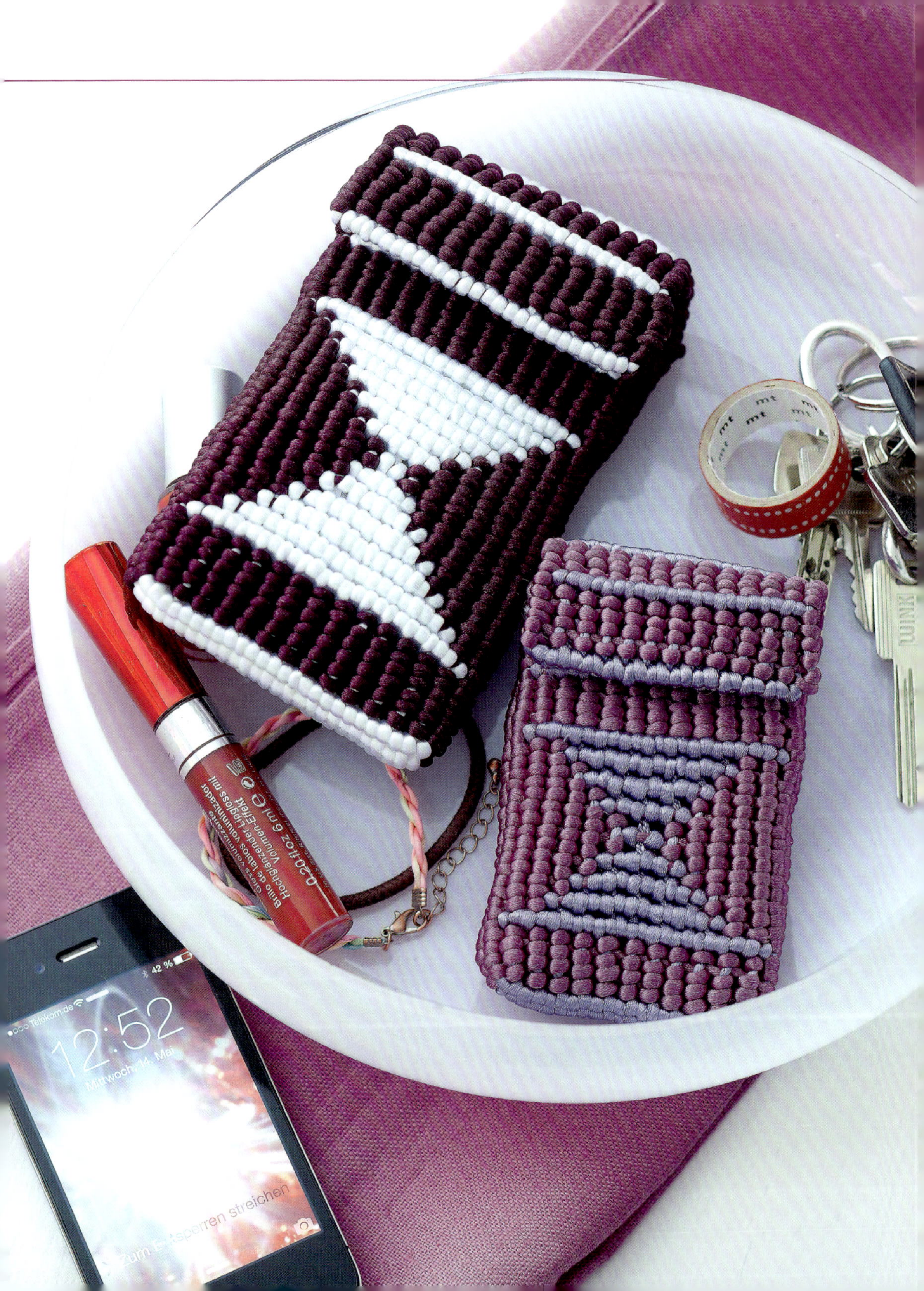
Telekom.de
42 %
12:52
Mittwoch, 14. Mai
Zum Entsperren streichen

Minitasche Violetta

passend fürs Handy

GRÖSSE
7 cm breit, 11 cm hoch

MATERIAL
- 14 Fäden Satinkordel in Lila, 2,10 m, ø 1,5 mm
- 2 Fäden Satinkordel in Pink, 6 m, ø 1,5 mm

KNOTEN
- Rippenknoten senkrecht und waagrecht

VARIATION FÜR GRÖSSERE HANDYS
Größe: 8,5 cm breit, 15 cm hoch

MATERIAL
- 7 Fäden Satinkordel in Weiß, 1,50 m, ø 2 mm
- 9 Fäden Satinkordel in Weiß, 2,40 m, ø 2 mm
- 3 Fäden Satinkordel in Aubergine, 10 m lang, ø 2 mm

1 Drei lila Leitfäden mit einem Überhandknoten in der Mitte zusammennehmen und auf dem Kissen feststecken. Die restlichen elf lila Fäden mit senkrechten Rippenknoten so anknüpfen, dass beide Enden etwa gleich lang sind. Den Überhandknoten wieder lösen und die drei Leitfäden so ziehen, dass sie auf beiden Seiten der Rippenknotenreihen gleich lang sind.

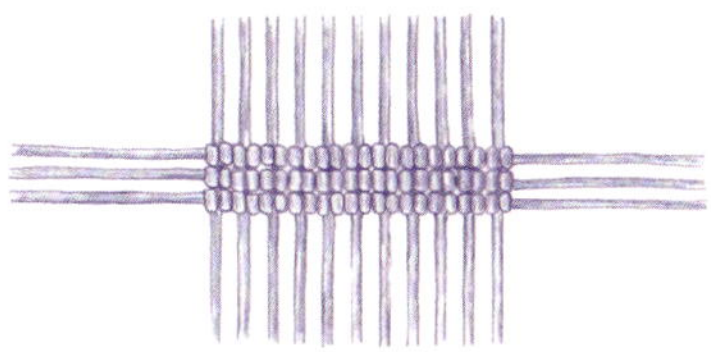

2 Einen langen pinkfarbenen Faden mit einem Gummi aufwickeln und mit einem senkrechten Rippenknoten anknüpfen. Es wird rundum geknüpft.

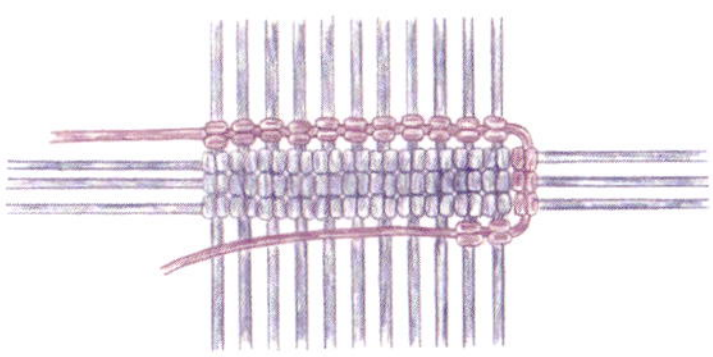

3 16 Runden Rippenknoten im Wechsel senkrecht oder waagrecht knüpfen.

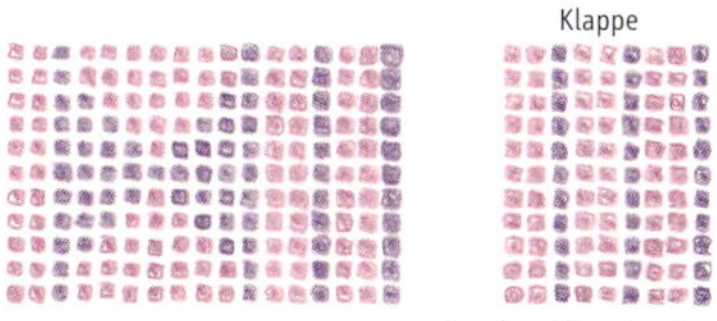

4 Dabei nach der ersten Runde die Leitfäden an den Ecken straff spannen, damit die Taschenform entsteht.

5 Nach den 16 Runden eine Reihe von waagrechten Rippenknoten so arbeiten, dass sämtliche Knüpffäden in der Tasche liegen.

6 Solange weiter knüpfen, bis der erste Faden zu Ende geht, dann den zweiten Faden in Pink mit einem Rippenknoten anknüpfen. Die Fadenenden in der Taschenmitte lassen. Über 13 Fäden die Taschenklappe knüpfen.

7 Den äußeren rechten bzw. linken Faden gegeneinander legen und waagrechte Rippenknoten über beide Leitfäden knüpfen. Beide Leitfäden straff anziehen und alle Fäden mit einer Häkelnadel auf der Tascheninnenseite vernähen, d. h. durch die Knoten ziehen und Enden abschneiden. Evtl. zusätzlich mit etwas Klebstoff fixieren.

Variation für größere Handys

Diese Tasche wird genauso geknüpft wie oben, jedoch werden die langen Fäden in der Mitte angeknüpft und am Muster der senkrechten Rippenknotenreihen werden drei anstelle von zwei Reihen gearbeitet. Das Muster kann je nach Handygröße verkleinert oder vergrößert werden, einfach bei den senkrechten Rippenknoten mehr oder weniger Reihen arbeiten.

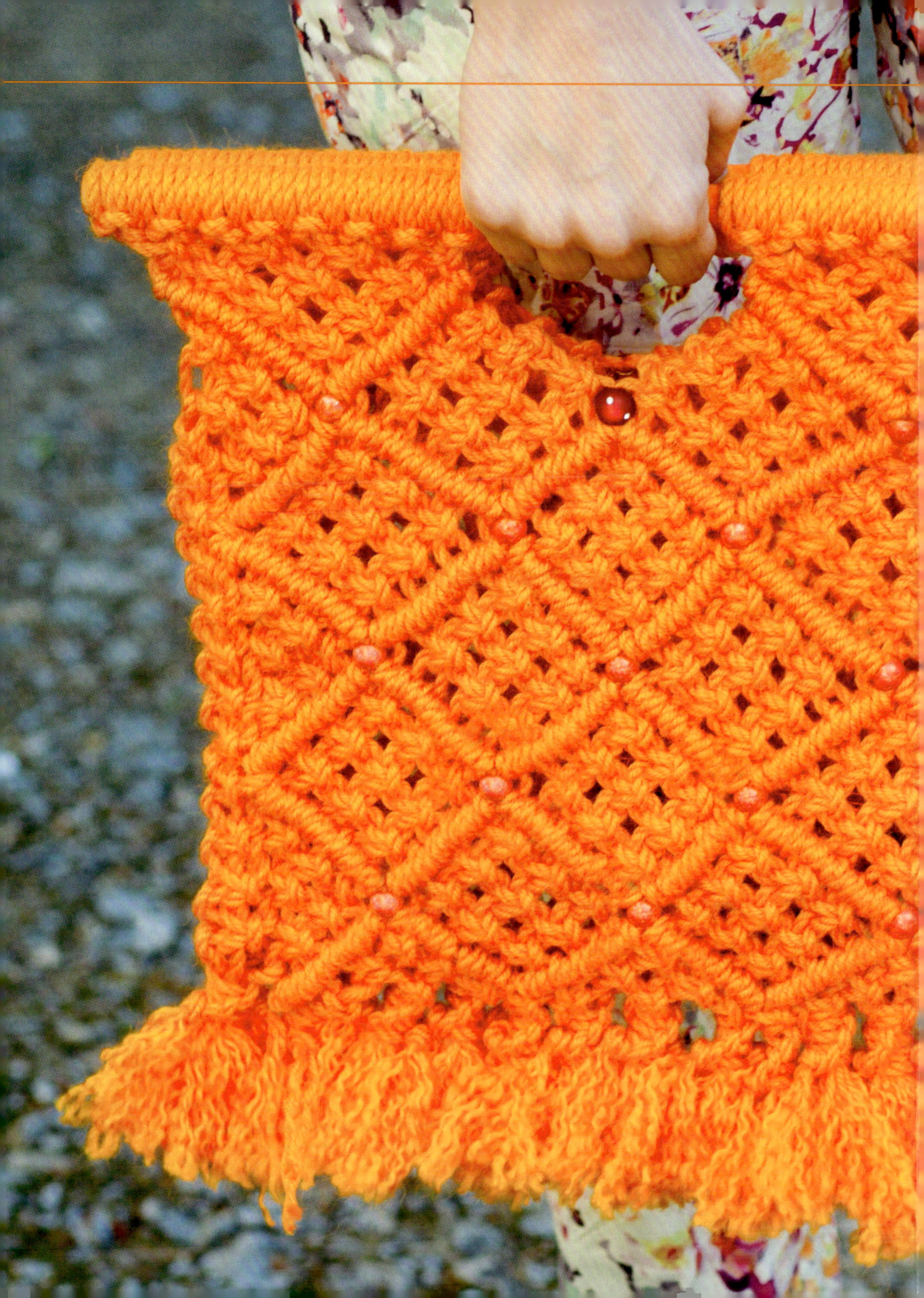

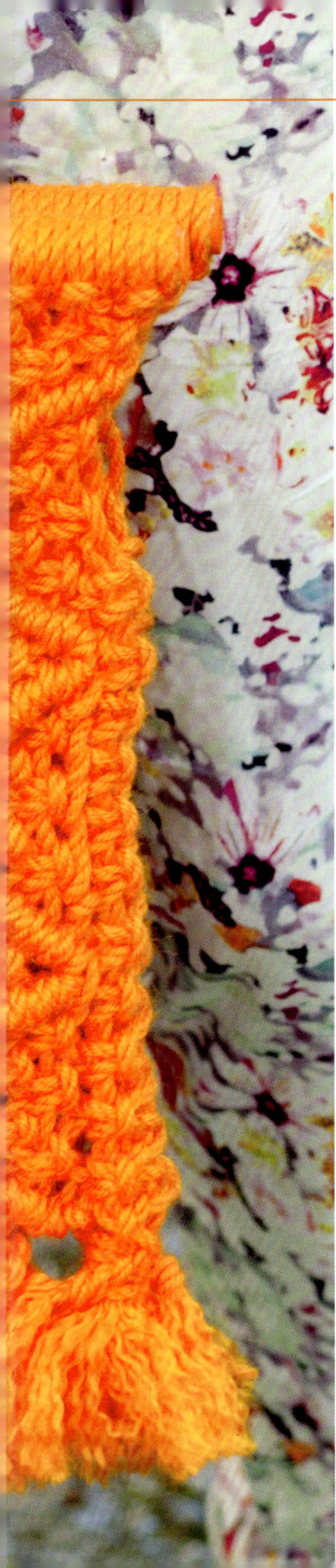

Ausgehtasche Mango

flott in Orange mit Perlen

GRÖSSE
36 cm

MATERIAL
- Makrameegarn gedreht, in Orange, ø 5 mm:
  44 Fäden, 2,80 m
  10 Fäden, 2,40 m
- 2 Holzstäbe in Orange (bemalt), 35 cm lang, ø 1,5 cm
- 24 Großlochperlen aus Glas in Orange, ø 1,5 cm
- 2 Großlochperlen aus Glas in Rot, ø 2 cm

HINWEIS
Bei dieser Tasche werden manche Weberknoten nur mit drei Fäden geknüpft. Dies ist nicht jedes Mal extra beschrieben. Wenn nur drei Fäden vorhanden sind, wird aus zwei Knüpf- und einem Leitfaden der Weberknoten gefertigt.

KNOTEN
- Weberknoten (WK)
- Rippenknoten (RK)
- Wellenknoten

1 Je Seite und Griff acht Fäden (4 x 8 Fäden) mitteln und am Stab doppelt einhängen. Am anderen Stab genauso verfahren.

2 1. Reihe: Aus je vier Fäden je vier WK knüpfen.
2. Reihe: Außen je zwei Fäden hängen lassen und drei WK arbeiten.
3. Reihe: Je vier Fäden hängen lassen und zwei WK knüpfen.
4. Reihe: Außen je sechs Fäden hängen lassen und einen WK aus den mittleren vier Fäden fertigen.

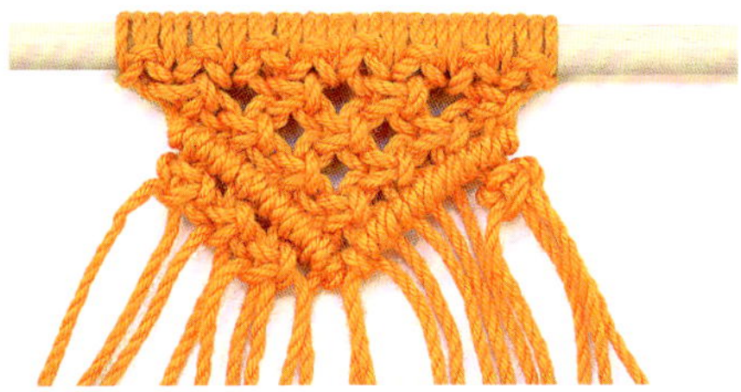

3 Jeweils mit dem äußeren Faden als Leitfaden sieben RK zur Mitte knüpfen und beide Leitfäden durch eine Perle ziehen.

4 Dreiecke am Rand: 1. Reihe: Mit den äußeren vier Fäden je einen WK knüpfen.
2. Reihe: Aus zwei Fäden aus diesem Knoten und den beiden danebenliegenden Fäden wieder einen WK fertigen.
3. Reihe: 2 WK nebeneinander knüpfen.
4. Reihe: 1 WK versetzt darunter knüpfen.
5. Reihe: 1 WK versetzt darunter knüpfen.
Mit den durch die Perlen gezogenen Leitfäden die RK-Reihen nach außen fortsetzen. Beidseitig am Rand die sechs versetzten WK knüpfen, den Leitfaden schräg nach innen legen und wieder RK knüpfen.

Weiter geht es auf Seite 26

5 Rauten links und rechts der roten Perle:
1. Reihe: Unter die beiden innersten Fäden jeweils einen zusätzlichen Faden legen und 1 WK arbeiten.
2. Reihe: wie 1. Reihe, zusätzlich ein WK daneben.
3. Reihe: wie 1. Reihe, zusätzlich zwei WK daneben.
4. Reihe: beidseitig je zwei Fäden hängen lassen und versetzt zwei WK.
5. Reihe: Versetzt ein WK aus den mittleren vier Fäden.

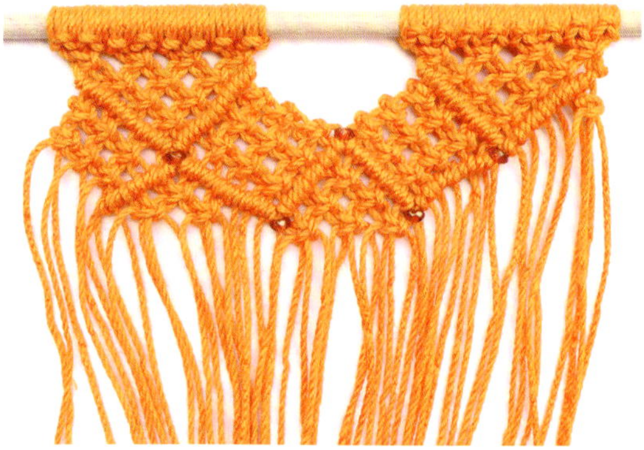

6 Die beiden mittleren Fäden durch eine Perle ziehen und mit diesen Fäden als Leitfäden jeweils eine Reihe Rippenknoten schräg nach außen knüpfen.

7 Raute unter der roten Perle:
1. Reihe: 1 WK in der Mitte.
2. Reihe: Versetzt darunter zwei WK.
3. Reihe: Versetzt darunter drei WK.
4. Reihe: Versetzt darunter zwei WK.
5. Reihe: Versetzt darunter ein WK.

8 Jeweils mit den Fäden, die durch die Perlen geführt werden, als Leitfäden eine Rippenknotenreihe schräg nach außen bzw. nach innen fertigen. Mit den Leitfäden immer nur RK knüpfen.

9 Die Rauten jeweils mit neun versetzten WK fortsetzen.

10 Beide Taschenteile aufeinander legen und unterhalb des zweiten WKs am Rand je einen zusätzlichen Faden mitteln und einhängen. Mit je einem weiteren Faden je einen WK knüpfen. Mit dem fünften zusätzlichen Faden in der Mitte einen WK mit je einem Leitfaden von rechts und links arbeiten. Mit den gleichen Knüpffäden jeweils daneben je einen weiteren WK knüpfen und dabei am Rand einmal den Knüpffaden um die Fäden der Tasche schlingen. Mit WK fortfahren, bis die Seitenteile zusammengeknüpft sind, d. h. ein WK in der Mitte, darunter je einen am Rand.

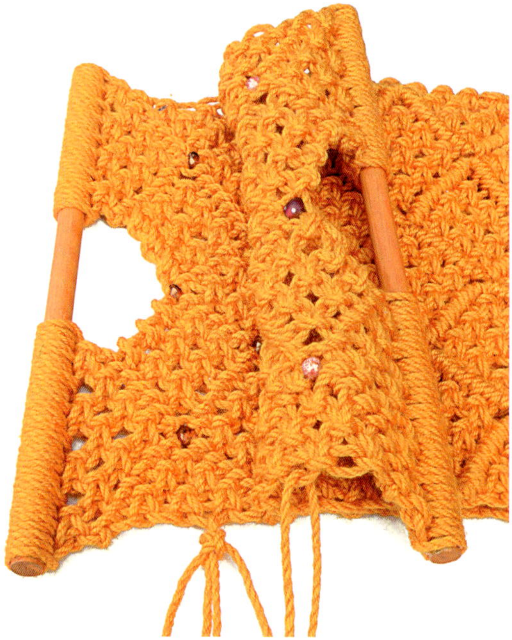

11 Taschenboden: Am Rand jeweils aus zehn Fäden (2 Knüpf-/8 Leitfäden) und in der Mitte, aus je acht Fäden (2 Knüpf-/6 Leitfäden) vier Wellenknoten knüpfen. Jeden Knüpffaden mit einem straffen Überhandknoten versehen. Alle Fadenenden nach ca. 6 cm abschneiden und ausfransen.

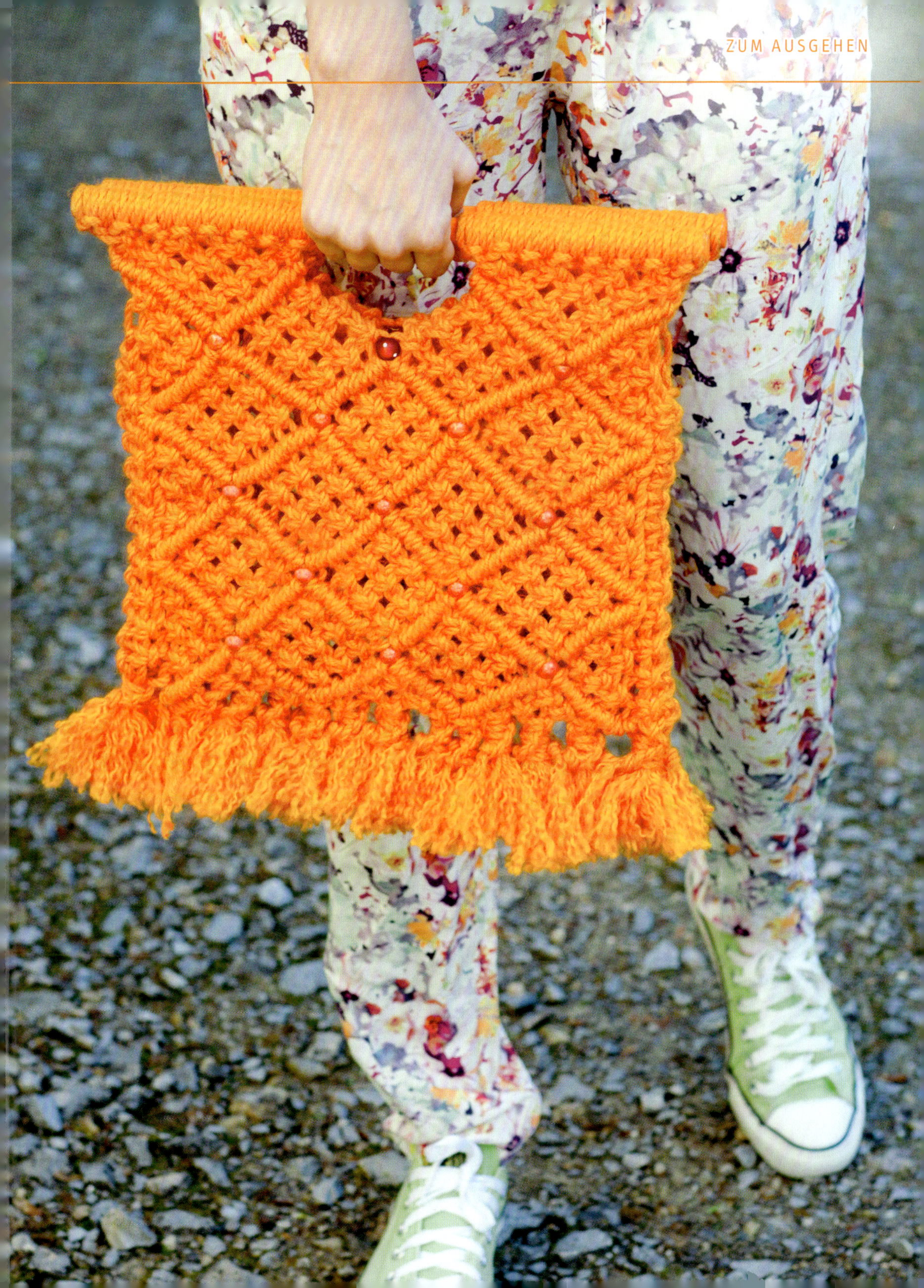

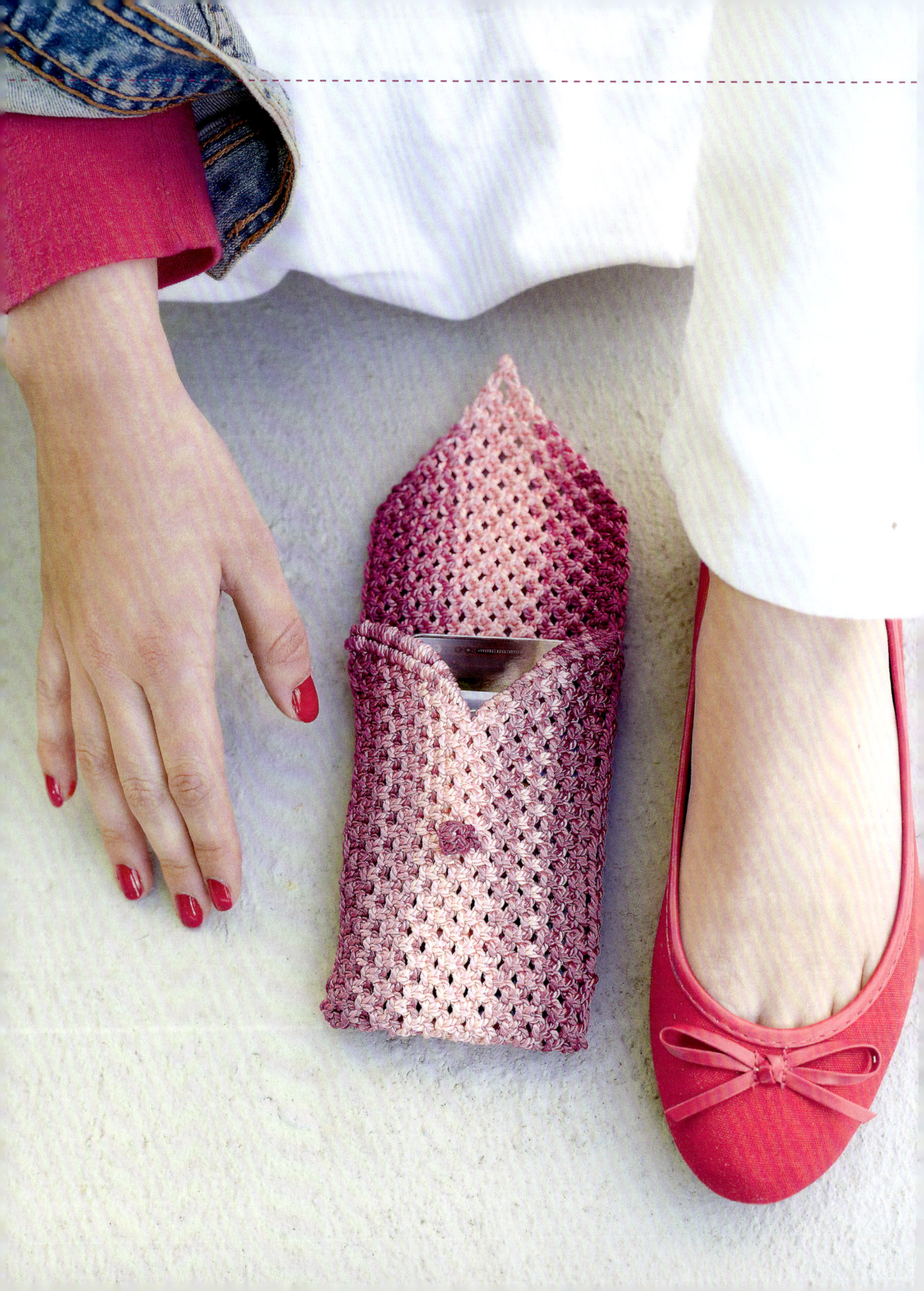

Handytasche Maren

schick zum Ausgehen

GRÖSSE
9 cm breit, 14 cm hoch

MATERIAL
- 5 Fäden gedrehte Kordel in Rosa, 3,30 m, ø 1,5 mm
- Je 6 Fäden gedrehte Kordel in Pink und Lila, 3,10 m, ø 1,5 mm

KNOTEN
- Weberknoten
- Überhandknoten
- Rippenknoten
- Erbsknoten

1 Einen rosa Faden in der Mitte mit einem Überhandknoten versehen. Darunter einen weiteren rosa Faden mit einem Weberknoten anknüpfen. Etwa 5 mm Abstand lassen und beidseitig je einen rosa Faden mitteln und mit einem Weberknoten anknüpfen. Der neue Faden ist jeweils der Knüpf-, die bestehenden beiden Fäden sind die Leitfäden.

2 Es folgen sieben Reihen versetzte Weberknoten, dabei die restlichen rosa-, pinkfarbenen und lila Fäden wie unter Punkt 1 beschrieben jeweils am Rand mit einem Weberknoten anknüpfen, jedoch den Abstand zwischen den Knoten etwas kleiner lassen und dazwischen Weberknoten aus vier Fäden arbeiten.

3 63 Reihen versetzte Weberknoten (ca. 30 cm) knüpfen.

4 Nun in der Mitte vier Fäden hängen lassen und beidseitig je vier Weberknoten knüpfen. Wieder in der Mitte vier weitere Fäden hängen lassen und beidseitig nach außen Weberknoten arbeiten. Solange weiterknüpfen, bis am Rand je ein Weberknoten aus vier Fäden übrig ist.

5 Nun mit dem äußersten Faden als Leitfaden jeweils eine Rippenknotenreihe von außen zur V-Spitze knüpfen. Die Fäden straff anziehen.

6 Die 2. Reihe als Abknüpfrippe knüpfen, dabei jeweils die Fäden, mit denen bereits ein sehr straffer Rippenknoten geknüpft wurde, mit Knoten kennzeichnen und diese nach ca. 2 cm nochmals straff anziehen und abschneiden. Darauf achten, dass jeweils der äußere Leitfaden nicht abgeschnitten, sondern bis zur Taschenmitte weiter geführt wird. Dieser und die mittleren Leitfäden werden nach jedem Knoten straff angezogen.

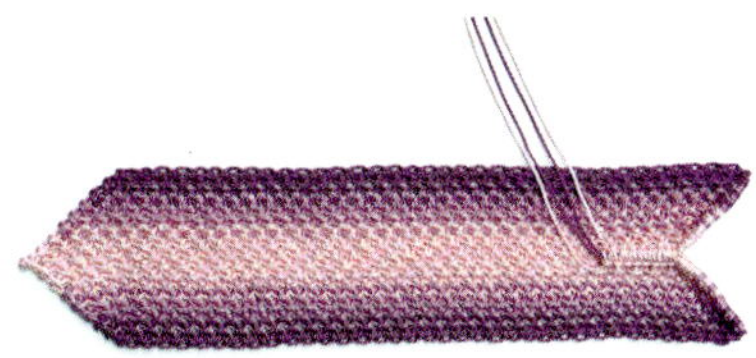

7 Nun mit den beiden längsten Fäden als Knüpffäden über circa sechs Leitfäden acht Weberknoten knüpfen. Die mittleren Leitfäden bis auf zwei abschneiden und beidseitig von einem mittleren Weberknoten je zwei Fäden auf die Vorderseite ziehen. Aus diesen vier Fäden einen straffen Erbsknoten knüpfen. Alle vier Fäden wieder auf die Rückseite ziehen und mit zwei Überhandknoten abschließen.

8 Die Taschenspitze soweit hochklappen, dass die Öse über den Erbsknoten gezogen werden kann. Nun die beiden Seitenteile zusammennähen.

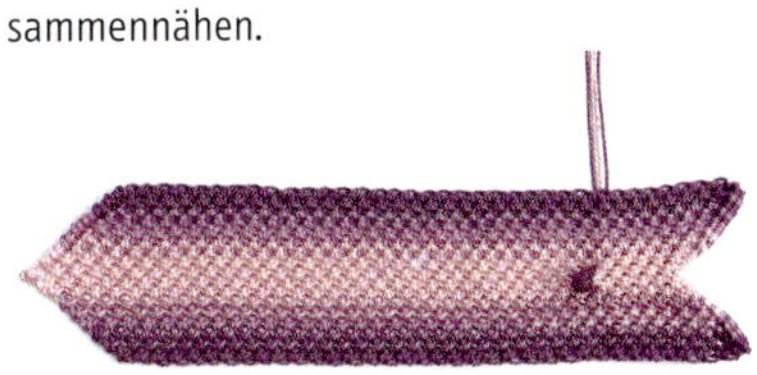

Elegante Abendtasche Moreno

klassisch in Schwarz

GRÖSSE
20 cm breit, 12 cm hoch

MATERIAL
- Baumwollgarn Cotton-Mix 50 (Lana Grossa):

  25 Fäden in Schwarz, 3 m

  1 Faden in Schwarz, 4,50 m
- 6 Strass-Schmucksteine, ø 7 mm

KNOTEN
- Wellenknoten
- Kettknoten
- Weberknoten
- Rippenknoten

VARIATION
KLEINE TASCHE
GRÖSSE
16 cm breit, 10 cm hoch

MATERIAL
- Satinkordel in Schwarz, ø 2 mm:

  21 Fäden, je 2,60 m

  1 Faden, 3 m
- 12 Wachsperlen in Grau, ø 3 mm

1 An dem 4,50 m langen Faden in der Mitte die 25 Fäden doppelt einhängen.

2 Aus je vier Fäden drei Wellenknoten untereinander knüpfen, dabei die beiden Fäden am Rand mit einknüpfen.

3 Versetzt darunter nochmals acht Reihen aus je drei Wellenknoten arbeiten, am Rand bei jeder zweiten Reihe die Kettknotenbänder ausführen.

4 Versetzt darunter aus je vier Fäden zwei Weberknoten untereinander knüpfen.

5 35 Reihen versetzte Weberknoten fertigen, dabei jeweils ca. 2 mm Abstand zwischen den einzelnen Knoten lassen. Am Rand ebenfalls die Kettknotenbänder bei jeder zweiten Reihe fortführen.

6 Den rechten und den linken Faden gegeneinander legen und darüber eine Reihe straffer Rippenknoten fertigen. Beide Leitfäden straff anziehen und mit einer Häkelnadel die Fäden durch einige Knoten ziehen und die Fäden abschneiden, evtl. mit wenig Klebstoff die Enden fixieren.

7 Die Knüpfarbeit bis zu den Weberknotenbändern so einschlagen, dass die Fadenenden auf der Innenseite sind. Am Rand zunähen. Die Lasche überschlagen und die Strasssteine auf der Lasche aufnähen.

Variation kleine Tasche

Die kleine Tasche wird genauso wie die größere Tasche geknüpft, nur mit weniger Fäden.

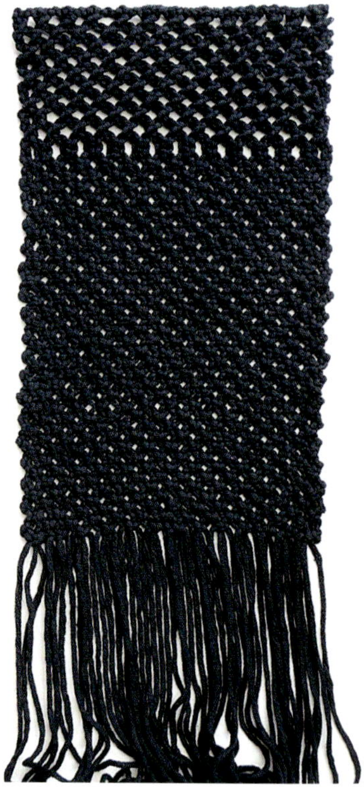

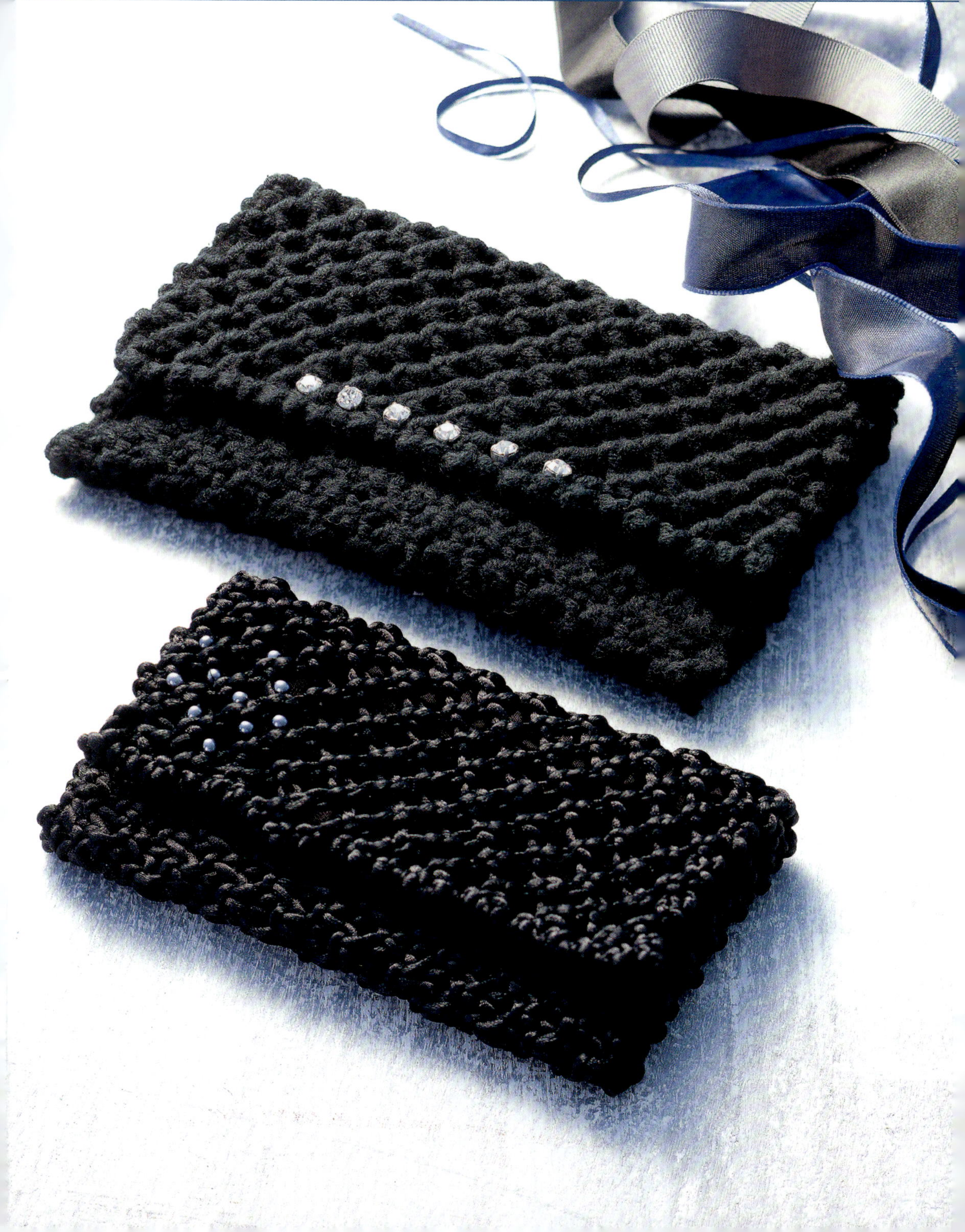

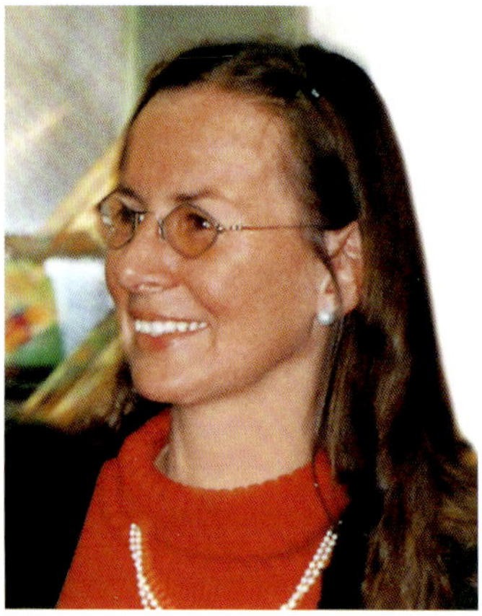

Inge Walz lebt mit ihrer Familie auf der Schwäbischen Alb und ist seit fast dreißig Jahren als Autorin beim frechverlag tätig. In dieser Zeit hat sie mehrere Bücher über Strohsterne und Makramee veröffentlicht. Jedes Mal freut sie sich aufs Neue, ein Thema zu entwickeln und Monate später das fertige Buch in den Händen zu halten.

DANKE

Ich danke den Firmen Rayher und efco für die Bereitstellung von Materialien.

TOPP – Unsere Servicegarantie

Wir sind für Sie da! Bei Fragen zu unserem umfangreichen Programm oder Anregungen freuen wir uns über Ihren Anruf oder Ihre Post. Loben Sie uns, aber scheuen Sie sich auch nicht, Ihre Kritik mitzuteilen – sie hilft uns, ständig besser zu werden.

Bei Fragen zu einzelnen Materialien oder Techniken wenden Sie sich bitte an unseren Kreativservice, Frau Erika Noll.

mail@kreativ-service.info
Telefon 0 50 52 / 91 18 58

Das Produktmanagement erreichen Sie unter:

pm@frechverlag.de
oder:
frechverlag
Produktmanagement
Turbinenstraße 7
70499 Stuttgart
Telefon 07 11 / 8 30 86 68

Lernen Sie uns besser kennen! Fragen Sie Ihren Hobbyfach- oder Buchhändler nach unserem kostenlosen Magazin **Meine kreative Welt.** Darin entdecken Sie zweimal im Jahr die neuesten Kreativtrends und interessantesten Buchneuheiten.

Oder besuchen Sie uns im Internet! Unter **www.topp-kreativ.de** können Sie sich über unser umfangreiches Buchprogramm informieren, unsere Autoren kennenlernen sowie aktuelle Highlights und neue Kreativtechniken entdecken, kurz – die ganze Welt der Kreativität.

Kreativ immer up to date sind Sie mit unserem monatlichen Newsletter mit den aktuellsten News aus dem frechverlag, Gratis-Bastelanleitungen und attraktiven Gewinnspielen.

IMPRESSUM

FOTOS: frechverlag GmbH, 70499 Stuttgart; Inge Walz (Arbeitsschrittfotos); lichtpunkt, Michael Ruder, Stuttgart (restliche Fotos)

PRODUKTMANAGEMENT: Claudia Mack

LEKTORAT: Dr. Ulrike Voigt, Stuttgart

HERSTELLUNG: Heike Köhl

DRUCK: Tiskárna Grafico s.r.o., Tschechische Republik

2. Auflage 2021

ISBN 978-3-7724-4602-3 • Best.-Nr. 4602